数字化

引领人工智能时代
的商业革命

冯国华 尹靖 伍斌 ◎ 著

DIGITAL
TRANSFORMATION
REVOLUTIONIZING BUSINESS IN THE AGE OF AI

清华大学出版社
北 京

内 容 简 介

人工智能与物联网的发展要求传统企业必须进行数字化转型。其核心是通过人、数据和流程的重新构建与组合，帮助企业创造价值，保持在数字化时代的竞争优势。本书第一章介绍数字化转型产生的技术因素以及商业因素；第二章介绍数字化转型的方法论，包括构建转型愿景、规划转型蓝图、以敏捷方式开启转型，以及持续的业务价值管理与优化；第三章到第七章按照数字化转型的四个关键环节——密切客户沟通、予力赋能员工、优化业务运营及转型产品服务，详细介绍了如何进行转型、转型的最佳时间及实践案例，这些案例既包括全球性企业成功转型的产品与服务、重新塑造客户体验，也包括国内数字化转型的先锋企业寻求新业务模式的变革。

本书不仅能为企业管理者制定发展战略提供帮助，也可以给企业生产者、供应商提供数字化时代的企业生存指南，以利于企业拥抱新技术，推动业务高质量发展，从而走向世界的舞台。

本书封面贴有清华大学出版社防伪标签，无标签者不得销售。
版权所有，侵权必究。举报：010-62782989，beiqinquan@tup.tsinghua.edu.cn。

图书在版编目(CIP)数据

数字化：引领人工智能时代的商业革命/冯国华，尹靖，伍斌著.—北京：清华大学出版社，2019（2021.10重印）
 ISBN 978-7-302-51500-5

Ⅰ. ①数… Ⅱ. ①冯… ②尹… ③伍… Ⅲ. ①企业管理－数字化－研究 Ⅳ. ①F272.7

中国版本图书馆 CIP 数据核字(2018)第 244532 号

责任编辑：盛东亮
封面设计：李召霞
责任校对：李建庄
责任印制：朱雨萌

出版发行：清华大学出版社
　　网　　址：http://www.tup.com.cn, http://www.wqbook.com
　　地　　址：北京清华大学学研大厦 A 座
　　邮　　编：100084
　　社 总 机：010-62770175
　　邮　　购：010-83470235
　　投稿与读者服务：010-62776969, c-service@tup.tsinghua.edu.cn
　　质量反馈：010-62772015, zhiliang@tup.tsinghua.edu.cn
　　课件下载：http://www.tup.com.cn, 010-83470236

印 装 者：三河市金元印装有限公司
经　　销：全国新华书店
开　　本：147mm×210mm　　印 张：8.25　　字 数：184 千字
版　　次：2019 年 1 月第 1 版　　印 次：2021 年 10 月第 9 次印刷
定　　价：68.00 元

产品编号：081321-01

FOREWORD
序　一

转型，莫失于转瞬
——数字化转型：通向智能经济时代的必修课

朱晓明

中欧国际工商学院管理学教授、原院长（2006—2015 年）

中天集团管理学教席教授

我和微软有缘

我在担任上海市外经贸委、外资委主任期间，曾于 1996 年陪同时任上海市副市长华建敏接待来沪访问的微软公司总裁比尔·盖茨，并见证了微软在上海建立软件技术服务中心。我也有幸珍藏了比尔·盖茨在包装壳上签名的 Windows 98（中文版）和 Windows XP（中文版）的光盘。最近几年，我在授课期间，曾邀请微软亚洲研究院网络图形首席研究员童欣博士为中欧国际工商学院 MBA、EMBA 学员分享 AR（增强现实）/VR（虚拟现实）/MR（混合现实）的应用。演示中，一款全息眼镜——Microsoft HoloLens 为学员们带来神奇的体验。这个演示告诉我们，当 HoloLens 与"数字孪生技术"（Digital Twin）融合时，将会给消费者或用户提供一种全新的商业感受，引发全新的商业模式。

现在，我又有幸应微软之邀，为《数字化——引领人工智能时代的商业革命》一书作序。

我和读者一样，会饶有兴趣地拜读此书，以求新知，希望搞懂企业如何实现数字化转型，以及数字化转型与人工智能盛行的智能经济时代是什么关系。

数字化改变商业世界已为世人共识

众所周知，软件的广泛应用，肇始于几十年前微软等科技公司所开发的产品，但随后软件应用变化之快、之巨，出人意料。其中包括两个方面的原因：其一，硬件、软件的主辅关系开始转换，即硬件定义软件逐渐黯然褪色，时至今日，智能软件可以定义硬件，即所谓的"软件定义一切（Software-Defined Anything）"，当下消费者眼中的两个大热门行业——智能手机和智能汽车就是明证，智能手机的智能软件不仅能定义通话功能，而且能定义支付、游戏、娱乐、学习等无穷多的功能，远远超出手机初始时移动电话的功能，而智能汽车中的智能软件可以等同于人，指挥硬件（汽车）执行所需的动作；其二，发展中国家，特别是中国，不仅产生了无数软件开发与软件服务的企业，并且已开始尝试用智能软件力促企业产品的设计制造和销售推广等领域的重大变革。

显然，诸如"柯达留不住自己的精彩时刻""微信动了移动、电信、联通的奶酪""淘宝、京东让一些实体店的霸主们从昔日的辉煌走向英雄暮年的落寞"等有关数字化的话题，早已被众人所熟知。在数字化转型中错失良机的行业大佬，几乎都会感叹"我们打赢了（行业的）所有对手，却输给了时代"。即便是数字化时代的先驱，如摩托罗拉，也因在持续的数字化转型中慢了一步而成为"先烈"。Windows 事业部已于 2018 年 4 月被微软总部宣布不再作为一个独立的事业部存在。这个微软赖以生存的根基被拆分到体验及设备事业部和云计算及人工智能平台事业部两个部门中去了,本书在"文化、产品、组织与员工的转变"一节中披露了这一信息。我很赞赏作者这种自我解读的勇气,作者现身说法,昭示读者,数字化转型是不以人的主观意志为转移的时代命题,数字化进程必然会重塑商业世界。

数字经济时代,数字化转型需要方法论

为写本书序言,在此特提及今年年初我出版的专著《走向数字经济》。在书中,我认为信息经济、网络经济、数字经济三者"看似相同,其实却不尽相同。今天的数字经济,不仅包含着信息传输、环球互联、网络世界,还覆盖了客户行为、用户偏好、消费心理、雇员心态、社会动态等心理学、社会学范畴的内容,包含移动终端、智能硬件、应用软件等信息技术,此外还可以延伸至全民健康、智慧医疗、数字化教学、数字化文化、智能化媒体等领域"这一观点和您正在读的这本书的第 1 章所提出的"全球企业成长过程,产品大致可以分为四个阶段:(1)产品经济阶段;(2)信息经济阶段;(3)体验经济阶段;(4)数字化经济阶段"的观点有异曲同工之处。在《走向数字经济》一书中,我本着理论创新的初衷,对数字经济作了"1+10"的研究,即在数字经济的大框架下,开展了"数据经济、(云)服务经济、平台经济、物联经济、分享经济、产消者经济、长尾经济、普惠经济、协同经济、智能经济"十个方面的研究,并进行了详述。可以说,这是站在经济学角度对数字经济作的一种理论探索。尽管《走向数字经济》一书有 11 个企业数字化转型的案例,但并未涉及数字经济时代数字化转型的方法论。

当我读完冯国华、尹靖、伍斌的《数字化——引领人工智能时代的商业革命》一书后,欣喜地发现这正是一本十足地、原原本本地诠释数字化转型方法论专著,是推动万千企业鼓起勇气实现数字化转型的操作指南。首先,本书提出并简述了"敏捷交付模式、人工智能和数字化转型、数字化平台"是构建数字化转型能力的三个要素;其次,本书指出并阐明了"密切客户沟通、予力赋能员工、优化业务运营、转型产品服务"是数字化转型的四大方向;再次,本书设计了数字化转型的路线图,包含"数字化转型团队、场景与原型、价值建模、数字化成熟度、变革管理、项目路线图"等五个途径;最后,本书分享了有价值的经验,包括"敏捷的开发测试与交付""包容性设计""数字化工作环境""价值交付和管理""数字文化"等五个方面。对于专注于技术服务的微软公司,这样详尽的传授经验难能可贵。这表明当今的商业世界正在走向开放式创新,这种创新可以是"内向型开放式创新",也可以是"外向型开放式创新",或者是"耦合型开放式创新"(参见牛津大学出版社《开放式创新》一书)。毫不夸张地说,谁能把握好创新和数字化转型的方法论,谁就能提前通向智能经济时代。

本书有16个企业案例,作者用事实表明,数字化转型的方法论不仅适用于大型企业,而且也适用于中小型企业。

始于数字经济,人工智能触手可及,智能经济时代已不太遥远

有没有走进智能经济时代的时间表?众说纷纭。虽然我们无法锁定其精确的年月,但地球人都感觉到人工智能与智能经济已经逼近。《奇点临近》一书告诉世人,到2045年,人工智能(机器智能)将超越人类的生物极限。硅谷人工智能(AI)研究所创始人皮埃罗·斯加鲁菲——《硅谷百年史》作者、AI资深观察家，于2018年8月在接受《环球时报》记者专访时总结了人工智能在近几年爆发的3大原因：(1)计算速度提升到"30年前想都不敢想"的水平；(2)全球用户提供的海量数据；(3)以深度学习为代表的理念创新。

自2015年起，中国从中央政府到地方政府，加紧出台规划与政策，围绕核心技术、顶尖人才、标准规范等强化部署，力争在新一轮的国际科技竞争中赢得先机。今天，如果不立即着手在经济学领域探索数字经济的理论创新，在管理学领域探索数字化转型的方法论创新，如果不尽快涉足人工智能，企业将无法独善其身，经济发展将无法独步天下。

始于数字经济，人工智会变得触手可及。一个人工智能盛行的智能经济时代，虽然没有近在眼前，但已不太遥远。

数字经济的经济形态，烘云托月般地将数字化转型导向智能经济

我在此谨举几例：如果没有大数据为时代特性的数据经济，发展人工智能将成为无本之木、无源之水，因为农耕文明的资源是土地，工业文明的资源是原料，而数字文明时代的资源是海量的数据。

如果没有云服务、5G等为产业特性的服务经济，人工智能就会缺智乏能，可以想象，智能驾驶在遭遇突发事件时将不能瞬时地应对自如，而智能语音翻译将时断时续、笨嘴拙舌。

如果没有平台为市场特性的平台经济，人工智能在双边市场、多边市场中将由于无法积累消费者的种种购买行为、消费心理等素材而难展其才、难施其策。

如果没有"物-人-物"为网络特性的物联经济,人工智能将无法扩展到智慧城市、智能物流、智慧医疗等广泛的应用场景。

如果没有设计、制造协同和线上、线下协同为融合特性的协同经济,人工智能在商业革命中的应用将不可能变得刻不容缓。

人工智能,锐不可当地助力数字经济与数字化转型

我认为,人工智能对于数字经济和数字化转型的推动初步涵盖了以下三个方面。

首先,人工智能将助力突破大数据技术的瓶颈。迄今为止,在海量数据中,人类能轻松利用的结构化数据低于20%,非结构化数据逾80%,而将非结构化数据转化为结构化数据,因人的能力有限,必须依靠算法和人工智能实现突破。

其次,人工智能将助力突破普惠经济的瓶颈。普惠经济,意即包容更多的消费受众与更多的消费诉求,它是数字经济、数字化转型的更高的境界,但初期投入大,特别是人力成本与服务成本高,而人工智能却能轻松降低投入成本,正所谓人工智能是普惠经济的基石。

第三,人工智能将助力突破实体经济再次崛起的瓶颈。互联网兴起之昔日,一部分实体经济因错失机遇而落败,而机器智能崛起之今日,机器替代人工从事有害、危险、艰苦、单调的工作,大大地改善了人的劳动条件,且由于人工智能集精密化、柔性化、软件应用与软件开发于一体,必将普遍地提高各类企业的生产效率、生产力水平。

由此可见,数字化转型与人工智能盛行的智能经济时代是因果关系、递进关系、互动互补关系。

本书介绍的宝沃智能工厂与智能物流这个案例很值得借鉴。作者从信息化的柔性制造工厂、敏捷透明化的供应链、智慧物流系统及装备,一直到未来发展规划,将数字化转型的进程娓娓道来,丝丝入扣,令人信服。本书用图展示了如何在短短23天里从接单到交付完成个性化定制车型的全流程——准备、排产、制造、运输等,各环节的每一步都不可弃离智能化。本书介绍的全球体外诊断的引领者罗氏集团实现数字化转型的案例同样值得借鉴。罗氏集团通过物联网打造满足客户发展需求的产品,包括物联网服务、商业分析、服务预测、智能诊断、医疗大数据,其数字化方案带来加强固定资产监管、为客户提供预测性精准运维等可喜的变革,见图6.2节。

值得一提的是,普华永道发布的《2018年中国金融科技调查报告》指出:"……未来,掌握新兴技术的人工智能、云等关键金融基础设施的供应商,或将成为金融行业新的系统性风险来源之一",提示数字化转型中的各类机构应及早关注。

数字化转型的文化是尊重人才的文化

2018年7月16日,华为总裁任正非在深圳总部为土耳其的Erdal Arikan教授颁发了一项特别奖。这则新闻,在网上引起关注。为了迎接Arikan教授(Arikan教授于2008年公开发表Polar码的论文,开拓了信道编码的新方向,这是世界上第一类能够被严格证明达到香农极限的信道编码方法,它能够大大提高5G编码性能,降低设计复杂度并确保业务质量),这位为人类通信事业作出突出贡献的、5G极化码(Polar码)的发现者,任正非在大门口足足等候了 15 分钟。会上,任正非还同时表彰了百余名相关领域的华为公司的科学家与工程师。无数事实证明,数字化转型的文化是尊重人才的文化,华为如此,中国的阿里、百度、腾讯、小米、蚂蚁、讯飞、京东等企业,都是如此。我特别赞同本书作者的观点,在数字化时代的企业"要建立对应的数字化文化,帮助企业顺利推动数字化转型",要"构建企业生产力,激发员工创造"。

大学、高校绕不开数字化转型

日前,中科院院士何积丰教授曾对我说,开设首席信息官(CIO)/首席数字官(CDO)课程已迫在眉睫,这不仅是为了培养企业的信息技术高管,同时还可以推进 CEO、CIO/CDO 之间的共识,同心同德引领数字化转型,这和冯国华等在本书中的见解不谋而合——在本书的"开启数字化转型"一节中,作者把 5 个数字化转型问题列为"首席执行官思考的问题"。

最近我和一位高校的学者有过一次对话,他的话让我难以忘怀。他说,时下高等学校会遇到三个困扰:"第一,当大学不再是科技创新主要源头的时候,大学怎么办? 第二,当课堂不再是学生知识主要来源的时候,教授怎么办? 第三,当课程结构转型跟不上产业结构转型的时候,课程怎么办?"身处教学第一线的我,顿悟这三个"怎么办"正在倒逼学校和教授产生危机感——这似乎多少跟数字化转型有某些关联。难怪传言 CFA(特许金融分析师)的考试从 2019 年起要增加人工智能、大数据和机器学习的试题;难怪智能投顾(机器投顾)得到德勤、普华永道,还有全球大型投资集团的青睐。有道是"教一遍课比听十遍课难,写一本书比读十本书难,研授一次跨界的新学问比转授十次传统的老学问难,备一次全数字化、全智能化的课比备十次因循守旧、墨守成规的课难!"值得欣慰的是,近三年来,中欧国际工商学院教四103室已充分布局了讯飞语音听写/转写功能与讯飞"听见"中英文实时翻译功能,超前布局了Oblong手势控制与视频移动技术,超前布局了具有"水平360度+垂直360度"的小蚁VR全景相机,即一个可供教学用的裸眼VR视频系统。如此种种,表达了中欧学院率先实现商学院教学手段数字化转型的决心与成果。

转型,莫失于转瞬

数字经济时代,伴随着激荡人心的科技创新和商业巨变,理论创新应运而生,企业家、学者、作家、商学院的教授,纷纷著书立说,让读者饱览知识创造的丰硕成果。无疑,知识创造比知识传授更有挑战,但却更有价值。

微软公司的《数字化——引领人工智能时代的商业革命》一书,是我读过的关于数字化转型方法论与数字化案例的一部成功力作,是一本商学院的教授与学员作为数字化转型的可选之书。进而言之,数字化转型是一门迈向智能经济时代的必修之课。

无论是著书的作者,还是阅书的读者,一本好书,就是一份甘之若饴的享受。

书是经验,书是指南。而转型,特别是数字化转型,还要靠企业家、投资家、教育家的实干,并落地于实体经济的发展。

希望万千企业家在数字化转型中不却步,希望万千投资家在数字经济年代中不错选,希望万千教育家在数字技术应用中不掉队。总之,诚望身处数字化时代的各类企业、各类机构的团队领导者,切莫错失于数字化转型的机遇。如果说,从工业经济到数字经济的数字化转型是疾走飞奔的"跨越式转瞬"的话,那么,从数字经济到人工智能的数字化转型必将是蹑景追飞的"超越式转瞬"!

朱晓明

于中欧国际工商学院

FOREWORD
序　　二

当代商业世界只存在两种公司：高度数字化的公司与一般商业公司。

《哈佛商业评论》的一项调查显示，84％的企业领导者认为他们的行业已经历过颠覆性变革的转折点，或者这一转折将于2020年到来。随着行业的颠覆性变革，领导者已意识到暴风雨的临近，然而只有不到一半的企业拥有应对行业变革的成熟的数字化战略。

我们生活在一个伟大的时代，正处于巨大变革的边缘。在这样的历史关键时刻，大众创业热情无比高涨，数百万人正在使用数字技术改变旧的商业模式。仅在2016年，中国的国际专利申请量就已经排名全球第三，每天有超过15 000家新企业创立。

世界各地的组织正逐步进行数字化转型。世界经济论坛将此称为工业4.0或第四次工业革命。其影响将与前几次工业革命（从水和蒸汽动力技术到电力技术，再到计算机和信息技术）一样具有颠覆性。数字技术是新商业模式的核心，企业正在转型其业务流程和服务，实现从模拟技术到数字技术的升级。然而，每个企业和每个行业经历的转型之路是截然不同的。

是什么促成了第四次工业革命呢？今天，我们拥有强大的云计算资源以及海量的数据，能够通过机器学习和人工智能来解释和使用这些数据,进而提升我们的洞察力并创造新的经济机遇。这使市场的发展速度更快,过去耗时几年才能完成的计划周期如今已缩短到几个月。

本书主要探讨数字化转型过程,其中汇集了来自该领域最杰出人士的深刻见解和心得。这些数字化专家们将奠定工业 4.0 基础的微革命通过本书呈现在读者面前,他们遵循微软公司首席执行官 Satya Nadella 提出的处世主张:

每家公司都是一家软件公司。你必须开始像数字化公司那样思考和运作。

在书中的 1000 多个企业数字化转型案例中,冯国华和微软公司数字化咨询团队的尹靖和伍斌等数字化专家帮助企业重新审视其业务,建立激动人心的新目标并重塑其行业。这些数字化专家们深切地认识到,关键的不是将数字技术添加到现有业务中,而是将其注入整个企业的各个关键部分中,以实现企业的数字化转型。

数字化转型始于梦想和思考:企业如今身在何处,未来有哪些机会?企业如何发展才能在日新月异的市场和行业中立于不败之地?我们与千余家公司合作,确定了数字化转型过程的四大要素。当您有自己的梦想时,这些就是将梦想变为现实的详细指南。

- 通过数字技术**密切与客户的沟通**,提升客户体验。
- **予力赋能员工**,凭借数字化手段重塑现代化工作模式的生产力。
- **优化**跨境和数字化工厂内的**业务运营**。
- 运用出色的新功能**转型产品服务**,转变商业模式。

本书写作及时,不仅因为数字化转折点已经到来,而且因为新一代颠覆性数字化技术——人工智能(AI)已经出现。今天,微软公司正在努力实现人工智能的普及，我们正在尽可能将其注入每一个产品、服务、环境和流程中，因为它是这个时代的变革性技术。

我们认为人工智能时代将缔造一些奇迹，但要利用智能云和智能边缘的强大功能来实现。企业需要快速数字化其业务核心，需要云的强大计算能力来驾驭用来训练AI深度学习系统的庞大数据集，他们需要汇集目前分散在世界各地数千乃至数百万数据收集传感器和设备上的海量信息。

微软公司在每个关键领域都有技术优势，可帮助企业更快转型。但归根结底，如果没有合适的人来领导并推进这一转型，转型就不会成功。这将需要像您这样的领导者，以及您庞大的合作伙伴和专家生态系统共同探索我们的企业和行业究竟何去何从，以及我们如何实现数字化转型的目标。

希望书中的对话能助您踏上数字化转型之路，为您在企业转型过程中启迪思路。数字化转型是一个令人振奋的旅程，我很自豪能为本书写推荐序并提供支持，祝各位在数字化转型的旅程中一帆风顺！

阿南德·埃斯瓦兰（Anand Eswaran）
微软全球企业及数字业务副总裁

PREFACE
前言

2016年4月,我接受微软公司的邀请,加入这个伟大的公司,负责大中华区的微软服务业务。坦白地说,那个时候的我可能像大多数人一样,只对微软的一些如雷贯耳的产品如Windows、Office、SQL数据库、Azure云平台略有了解,而对微软企业的咨询服务了解甚少,难以想象这一了不起的团队能够服务于中国最大的国有银行的所有核心业务系统,并支持其在一百多个国家的对公对私业务;提供技术平台给全球排名前三的手机巨头,支撑其几万家销售终端的日常销售运作及几亿的用户售后服务;与中国的领先汽车企业一起创新,颠覆性地设计、建造了能够与汽车用户互动的营销平台并提升了合作伙伴的效率。微软公司类似的业务系统、支持服务还有许多。微软的专业人士无时无刻不在接受客户和业务的挑战,在微软的产品和技术平台上不停地学习、研究,并且与客户、合作伙伴创造出一个又一个经典的行业数字化转型案例。

微软服务部在全球有2万多名专业人士,除了具备技术、咨询、项目管理等典型信息技术咨询服务能力的专业人士外,近年来快速招募和培养具有深厚行业经验的专业人才,他们逐渐在引领微软的数字化战略的进程中发挥着越来越重要的作用。在服务了全球几万家客户,并积累了大量的实践经验与资料后,随着近几年客户的转型要求,微软公司变得越来越开放,与客户的战略和业务优先重点紧密结合,在方法论、解决方案和行业的数字化突破上取得了令人兴奋的成果。微软服务业务在阿南德·埃斯瓦兰先生的领导下不断地吸收英才，这些来自于零售、金融、制造等行业的实践者使微软能以行业的视角了解客户的痛点和需要创新的机会；建立了一流的行业观点、数字化转型的模型和工具以帮助微软的顾问们能够更加规范地提供建议与方案。大量的案例分享与讨论让微软在世界各地的团队和客户能够学习到最先进的实践成果。

仅在与中国地区的几百个客户的合作中，将数字化转型应用在中国的多个行业领先的公司就能给其他客户和行业从业者带来一些启示与借鉴。我们不仅要帮助企业落实数字化转型进展各式各样的项目，还应该把方法论、实践中的经验教训及与客户的一些思考分享出来，使得整个行业和企业能够提高认识和水平，使中国的企业通过数字化转型获得更大的成功。

正是出于能与更多客户、行业同仁分享的目的，我和我的团队觉得有责任把我们在全球的一些研究成果、微软数字化转型的方法论，特别是我们与各个行业、全球的客户多年的数字化实践的探索，总结出来，供大家参考，为我们中国的企业和行业从业者贡献一份绵薄的力量。

本书的写作经历一年左右的时间。为了本书的内容，我们进行了很多的讨论。有些问题不妨与读者一起来探讨：

- 关于数字化转型与多年前流行的企业信息化差别的问题，我们的观点是不必拘泥于死板的定义。可能每个实践者都有自己的理解或体会，但是我们认为，在现在这个时代，企业应该利用数字化转型辅助企业的转型，围绕着创造价值和聚焦企业的战略，着眼点不是一个系统的实施，而应该起步于数字化转型的四个方向的业务场景，即密切客户沟通、予力赋能员工、优化业务运营和转型产品服务。

- 每一个企业都是软件企业,就如微软首席执行官萨提亚·纳德拉在他的新书《刷新》里所讲的,任何一个企业都应该开始像一个数字化的企业那样思考如何运作,再也不是简单地买一套解决方案就能解决问题,必须从思考方式上像一个数字化的公司。

- 企业的数字化转型需不需要方法论和工具,答案是肯定的,太多的企业在数字化转型的过程中因为缺少方法和规划,而以失败告终。

- 本书中提及的许多案例引用了微软的产品和技术平台,我们并无推销之意,但是我们也非常骄傲微软的技术与产品有非常高的竞争优势。企业在数字化转型,尤其是大数据、云计算的平台上若能够得到产品的助益,往往会事半功倍。总体上我们对于产品和平台的选择是开放的,而且是越来越开放。

- 传统企业与新生代的互联网企业在数字化转型上的策略,传统企业在与互联网企业的竞争与合作中,更需要积极部署自己的数字化战略,发现自己的竞争优势并打造差异化。

- 在数据与人工智能方面,我们看到各行各业对数据和人工智能的热情。如何结合现在拥有的技术,找到对企业带来价值的场景、业务模式以及洞察已有的数据,仍是需要企业和其合作伙伴认真、冷静地思考的。

在本书的编写过程中,得到了微软公司总部的大力支持,同意披露微软公司有关数字化转型的方法论、工具以及国际案例;得到了总部的全球副总裁 Anand Eswaran、Ramesh Siva、Laura Longcore 与微软服务亚太区总经理 Shankar Moorthy 的肯定与鼓励,他们在我们的要求下,给予了及时的辅导和意见反馈;得到了许多中国客户的支持，他们愿意毫无保留地将数字化转型的历程与经验教训分享出来；得到了我的团队的支持，许多案例的整理和编写来自于实施这些项目的顾问们，大家将许多业余时间倾注在本书上，这些同事包括王瑜博士、陈荣华、景魁等；还得到了其他各方面的支持和付出，如李威在整个项目的策划、协调、资料收集及内容讨论方面做出了很大的贡献，桑璐璐在出版的协调、与公司法律部门及客户的沟通协议过程中承担了非常关键的工作。没有这些同事的全情投入与付出，本书根本不可能按期出版发行，在此表示衷心的感谢。

由于有些案例涉及我们的客户，且无法在计划的日期前得到相关客户的同意，因此，我们只能将已经批准可以披露的内容或客户公开报道的简要说明整合进本书，我们对于没有进一步地予以叙述和呈现感到很遗憾。如果读者希望进一步了解这些内容，请与我们联系。我们亦诚惶诚恐，此书难免仍有错误、遗漏，我们对此深表歉意与遗憾，也非常真诚地欢迎读者和业界的朋友向我们反映问题并提供建议，期待今后能有更好的作品与客户、合作伙伴和业界的朋友分享。

冯国华

微软（中国）有限公司副总裁

CONTENTS

目　　录

第一章　数字化转型概论　　001

一、数字化转型的背景　　002
　　（一）数字化时代已经来临　　002
　　（二）技术的转变　　005
　　（三）社会和商业环境的变化　　010
　　（四）产品形态的转变　　012
　　（五）竞争因素的转变　　015
　　（六）数字化转型是趋势　　017
二、开启数字化转型　　018
　　（一）首席执行官思考的问题　　018
　　（二）数字化转型策略　　019
　　（三）数字化成熟度　　021
　　（四）成为数字化转型的先锋　　023
三、文化、产品、组织与员工的转变　　025
　　（一）企业文化的转变　　025
　　（二）产品的转变　　028
　　（三）无边界的企业　　030
　　（四）员工与组织的转变　　031
四、构建数字化转型能力　　032

（一）敏捷交付模式　　033
　　（二）人工智能与数字化转型　　034
　　（三）数字化平台　　039
五、数字化转型的四大方向　　043
　　（一）密切客户沟通　　046
　　（二）予力赋能员工　　048
　　（三）优化业务运营　　049
　　（四）转型产品服务　　051
六、总结　　053

第二章　数字化转型之路　　054

一、梦想：构建数字化转型愿景　　057
　　（一）趋势与洞察　　057
　　（二）构想数字化愿景　　062
　　（三）数字化旅程　　066
　　（四）场景规划　　068
　　（五）场景描述　　070
　　（六）阶段分解与数字化转型梦之书　　072
二、规划：制定数字化转型路线图　　074
　　（一）数字化转型团队　　075
　　（二）场景化与原型　　076
　　（三）价值建模　　083
　　（四）数字化成熟度　　083
　　（五）变革管理　　088
　　（六）项目路线图　　090

三、实践 092
　　（一）敏捷的开发测试与交付 093
　　（二）包容性设计 095
　　（三）数字化工作环境 104
　　（四）价值交付和管理 105
　　（五）数字化文化 107
四、总结 108

第三章　密切客户沟通 110

一、以客户为中心时代的数字化转型 111
二、皇家马德里连接全球五亿球迷群体 113
三、金融行业智能客服为客户提供数字化服务体验 118
四、吉利领克的数字化新营销 122
五、梅西百货以人工智能虚拟客服优化在线客户沟通 133

第四章　予力赋能员工 137

一、数字化重塑员工生产力 138
　　（一）生产力变革的趋势 139
　　（二）构建企业生产力，激发员工创造 140
二、数字化工作空间 142
三、伦敦大都会警署数字化警察 150
四、法国阳狮集团人工智能平台赋能员工的创新 155
五、蒂森克虏伯基于智能物联网的电梯预测性维护解决方案 160
六、华为现代化工作模式提升员工生产力 167

第五章　优化业务运营　　173

一、无边界的企业运营　　174
二、宝沃智能工厂与智能物流　　186
　　（一）信息化的柔性制造工厂　　187
　　（二）敏捷透明化的供应链　　189
　　（三）智慧物流系统及装备　　192
　　（四）未来发展规划　　193
三、星巴克数字化门店　　194
四、罗克韦尔自动化通过物联网实时获取设备远程可见性　　201

第六章　转型产品服务　　205

一、数字化定义的产品和服务　　206
二、罗氏诊断利用物联网和人工智能实现医疗诊断设备的
　　数字化转型　　210
三、振华重工打造数字化港口　　213
四、上汽集团城市移动出行服务　　216
五、罗尔斯罗伊斯为飞机引擎注入数字化能力　　222

第七章　数字化实践的思考　　230

附录　阅读本书的补充知识　　234

第一章

数字化转型概论

数字化转型已经成为中国企业管理者的关注点。过去的几年时间,中国企业在使用互联网技术连接客户、效率驱动型创新上表现出色,然而欧美企业已经悄然在技术创新、产品创新以及业务模式等方面实现了新一轮的转变。

数字化转型的形成背景是什么?数字化转型的驱动因素是什么?如何成为数字化转型的领先者?如何建立数字化转型的框架?在对这些问题有了深入认识后就会明白,数字化转型不是一个时髦的概念,而是关系企业未来发展的重要任务。

一、数字化转型的背景

数字化转型的概念已非一日,在最近一两年内更是逐渐受到国内企业管理者的重视。一方面,不同行业涌现出的转型成功案例让更多的企业有了转型的动力;另一方面,层出不穷的新技术又让企业管理者应接不暇。在介绍数字化转型之前,纵观技术、商业及企业面临的竞争环境将有助于企业管理者认识数字化转型的本质,以及转型如何开展。

(一)数字化时代已经来临

莱纳德·斯威特(Leonard Sweet,美国)曾提出"我们不是在进入未来,而是在创造未来。"(The future is not something we enter, the future is something we create.)

先行者正在塑造数字化时代的商业规则,后知后觉者只能被动地进入数字化时代。回首人类社会过去二百年的变化,无论技术的发展还是商业的演进,都远远超越了过去几千年的沧海桑田;未来,技术与商业将如同 DNA 的双螺旋结构一样越来越紧密地结合在一起,加速推动社会的发展。

1764 年起,蒸汽机开始大规模应用,机械能的来源从低效的人力与畜力迅速进化成永不停息的蒸汽机,这开启了第一次社会化分工的大门,人类社会由此进入工业时代。当年,旁观蒸汽机车与马车赛跑时的马车夫在嘲笑这个笨重的大家伙时不会想到,这个庞然大物会在未来短短的几十年里将商业社会带入新篇章。一个世纪以后,法拉第(Michael Faraday,1791—1867 年,英国物理学家)在展示电磁原理时向质疑者反问道:"'新生的婴儿'有什么用?"当时包括法拉第在内的所有人可能都无法完全想象出电气化时代的美妙前景。又过了一个世纪,晶体管的发明以及电子技术的发展重新定义了通信的方式,全球化的种子开始破土而出。计算机重新定义了"计算"的含义,人类社会进入现代化的信息时代。

截至今天,互联网的大规模应用不到十年时间,智能手机的普及同样也不到十年。人们在享受互联网与移动技术带来的便利的同时,继续眼花缭乱地看着新技术出现,人工智能已经能轻易战胜人类的围棋选手,无人驾驶技术已经看到商用的曙光,无人机开始大规模组队表演并且开始商业应用,3D 打印已成为工业设计的重要手段,虚拟现实技术带来新的体验,5G 即将大规模组网……这一切无不暗示——数字化的时代已经彻底到来!

每一次技术革新都会带来社会的进步以及商业规则的改写,二者的相互影响越来越密切。数字化时代有哪些技术革新?这些新技术会带来什么影响?先行者已经开始思考数字化时代商业社会将会如何变化,各个行业的价值链将如何重构,什么职业将消失,每一个企业将在价值链重构中重新确定自己的位置并演变自己的业务模式。

放眼世界,让我们回顾一下过去数百年那些站在浪潮之巅的企业。宝洁公司(P&G)用了近 180 年才使市值达到千亿级美元,通用电气公司(GE)在迈向千亿级市值的道路上花了将近 150 年,而苹果公司(Apple)、微软公司(Microsoft)、谷歌公司(Google)、亚马逊公司(Amazon)等纯数字化企业仅仅花了传统企业 1/3 甚至更短的时间就成为全球市值最高的公司。有明星企业的冉冉升起,就有昔日霸主的落寞甚至轰然倒下。柯达公司(Kodak)这个昔日的摄影胶片巨头,没有抓住影像产品的数字化浪潮,主动颠覆自己的优势产品,现在已经退出了商业舞台的中心。柯达的变化只是一个缩影,如果我们比较过去十年全球大型公司的变化,就会发现过去那些人们眼中的巨无霸公司其实也曾随着时代的变迁而起伏。在美国《福布斯》杂志评选的 2008 年全球上市公司排行榜中,综合考虑了销售额、净利润、资产和市值等多方面指标,排名前十位的公司依次为汇丰集团(HSBC)、通用电气公司、美国银行(BAC)、摩根大通集团(JPM)、埃克森美孚(Mobil)、皇家荷兰壳牌集团(Shell)、英国石油(BP)、丰田汽车(Toyota)、荷兰国际集团(ING)和伯克希尔-哈撒韦公司(Berkshire Hathaway)。在这样的榜单中,排名靠前的基本上是汽车、炼油以及银行等传统行业。这三个行业都具有全球性的规模,同一款汽车稍作变化以后可以在全球范围内销售,原油则更具有同质性,全球化的发展使银行业则相对容易进行全球扩张。在这种超级规模化的产业里,企业比较容易横向扩张规模并成为世界级的企业。这个榜单到了 2018 年已经"面目全非",前十位依次为苹果公司、谷歌公司、微软公司、亚马逊公司、腾讯、Facebook、伯克希尔-哈撒韦公司、阿里巴巴(Alibaba)、摩根大通集团和中国工商银行(ICBC)。榜单的变化是全球经济主要驱动力的反映。在第二次工业革命中诞生了诸如石化、冶金、化学品等行业,这些产业逐渐成为支撑全球经济发展的支柱型产业。在新一轮科技革命和产业变革中,与信息产业相关的互联网、消费电子等行业成为全球经济发展的新主角。

除了企业自身的发展,行业间的融合与竞争也在加深。最近几年,越来越多的跨行业并购开始出现。2016年,亚马逊收购全食超市(Whole Foods Market)。在国内,高鑫零售于2017年被收购,不到三个月,其旗下大润发连锁超市的董事长兼首席执行官离职。互联网与移动技术对传统企业的影响初见端倪。诸多互联网媒体在对这一颇具影响的收购事件的报道中,纷纷引用了原董事长极具启发性的一句总结:"我们打赢了所有对手,却输给了时代。"我们不禁要问,传统企业都会在数字化的时代输掉吗?

在中国企业还在关注互联网思维的同时,全球范围内的企业已经声势浩大地开始了数字化转型,先行者已经开始从客户、员工、运营和产品的角度进行全方位的思考:企业变革的驱动因素发生了什么变化?如何更好地利用这些变化让企业在竞争中占据领先地位?如何借鉴其他企业在转型中的最佳实践走出符合自我特色的转型之路?

(二)技术的转变

德国汉诺威工业展是全球最有影响力的工业展之一。每一年,全球各大制造巨头都会在这里上演自己的拿手好戏。在2016年的汉诺威工业展上,德国政府第一次提出了旨在提升德国企业的制造能力的"工业4.0"。一时间,"工业4.0"成为制造行业的热门词。然而有趣的是,之后的汉诺威工业展却有越来越多的IT巨头以积极的姿态参加展览,他们与传统企业联手,展示数字化转型实践后的各种跨界产品。

2018年展览的主题是"产业集成——连接与协作"。数字化的核心之一就是连接与协作。通过物联网将不同的机器连接起来，使得机器与机器之间、不同的系统之间可以协作；通过协作，可以产生更大的生产力。在未来的工厂中，机器开始被当作与人平等的主体，机器不再是简单的指令执行单元，而变得更加智能化、更加自动化。设备自动化、决策智能化让"工业4.0"有了全新的展现。

在这次展示中，微软公司展区的主题是"数字智能工厂"，很多耳熟能详的企业出现在这个展区，包括丰田、劳斯莱斯等传统的制造型企业，还有零售行业食品制造企业。在传统的业务模式下，这些企业是微软的客户，但是在数字化转型的背景下，他们又是微软的合作伙伴，双方联手将最新的技术与自身优势相结合，创造出全新的业务来源。现场陈列着各种重型装备诸如粮食收割机、纸板制造机以及电动无人巴士、智能无人叉车等。五年前，这些工业产品似乎与微软还很难联系起来，然而今天，我们看到了这些传统企业与微软越来越紧密合作的趋势。这些巨型制造企业不仅已经准备好了数字化转型，并且坚定地迈出了业务转型的步伐。

在这次展会中，微软还展示了他们赋能制造业的数字化转型的创新成果：为现实世界中的设备建立一个数字替身，并通过数字化手段对其加以管理，这就是"数字孪生"——Microsoft HoloLens（微软推出的一款全息眼镜）混合现实技术。通过将HoloLens与"数字孪生"技术相结合，微软公司正在将数字孪生技术带到新的高度。用户可以减少宕机时间、提升设备性能、拓展新型服务，甚至能够在混合现实中进行流程模拟和可视化操作。

正如微软全球首席执行官萨提亚·纳德拉（Satya Nadella）2016年在汉诺威工业展演讲时的发言"数字化转型正在重塑这些公司及工厂，并促进制造业和技术的紧密结合"一样，过去三年，数字化转型给制造业带来的巨大变化真实可见——智慧工厂实现平均17%~20%的生产力提升,同时也促成了一些公司在业务、服务模式方面的创新。

让我们把目光再投向2015年的ImageNet。ImageNet是目前世界上最大的图像识别基准数据库。微软亚洲研究院视觉计算组在"2015 ImageNet计算机识别挑战赛"中获得图像分类、图像定位以及图像检测三个主要项目的全部冠军。在此次挑战赛中,微软亚洲研究院的研究团队使用了一种前所未有的深度高达百层的神经网络算法,这种算法比以往任何算法的神经网络层数多了5倍以上,从而在照片和视频物体识别等技术方面实现了重大突破。在2014年的ImageNet挑战赛中,获胜的系统错误率为6.6%,而2015年微软亚洲研究院视觉计算组的系统错误率已经低至3.57%。此前同样的实验中,人眼辨识的错误率大概为5.1%。低于5%的错误率也意味着,机器视觉开始从实验室走向大规模实际应用阶段。除了机器视觉外,声音识别和声纹识别都已经取得了突破性的进展。就连人们普遍认为以人类创造性工作为主的艺术、音乐领域,改变也在悄然进行着:孤陈的城市在长夜中埋葬/他们记忆着最美丽的皇后/飘零在西落的太阳下/要先做一场梦。这是微软人工智能机器人小冰所"写"的诗,其诗集《阳光失了玻璃窗》已正式出版,开始作诗、写评论的小冰显然已经打破了人类的最后一块领地,涉足创造性工作。

随着机器视觉、听觉、自然语言理解等方面的技术的大规模应用,人们在使用产品的时候与机器的交互方式也会发生变化,如图1.1所示。在个人计算机时代,键盘与鼠标是人类与计算机的主要交互方式;在互联网时代,人们通过"访问"网站与远程的服务器交互；在移动时代，触摸与手势控制是人类与移动设备的主要交互方式；在下一轮转变中，设备将不再受到物理尺寸的限制，通过图像、自然语言接收使用者的输入，通过云端的处理完成输入命令的处理。混合现实的技术，使计算机系统的输出跳出了显示器的框架。使用者通过混合现实技术将计算机的输出与现实的场景无缝结合起来，人类社会的现实世界与机器的虚拟世界有了更加自然的连接方式。人类使用机器会话带来便利的同时，也带来数据量的爆炸式增长。在计算机系统内存储的数据从传统键盘输入的数据扩展到了图像和语音，这些数据的聚集又反过来为人工智能带来大量的训练材料，从而进一步提高识别的准确程度。

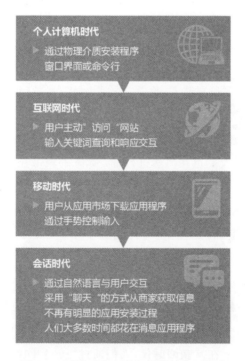

图 1.1　不同时代人类与机器的交互方式

除了计算机视觉技术，各种设备如无人机、3D打印机等在过去的十年里成本迅速降低（如图1.2所示），最新的成本只相当于原来的百分之一，甚至万分之一。同等性能与价格的无人机在2017年的成本仅为2007年的百分之一。绝大部分工业传感器的价格在2017年的成本仅为2007年的千分之三。与在计算机领域人们熟知的摩尔定律（芯片产品每隔18个月，性能提升一倍、价格下降一半）相比，更多领域中的一些产品在价格与性能的变化上比摩尔定律的曲线更加陡峭。价格的变化也就意味着使用门槛的降低。通过传感器，人们从工业领域获得的数据已呈几何级数增长，

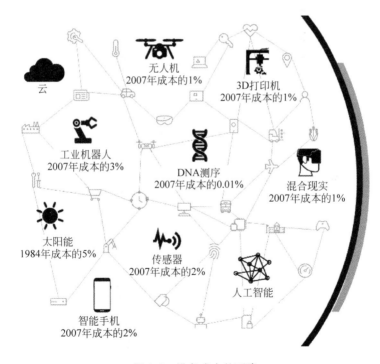

图1.2　设备成本的下降

通过日益普及的高速网络，设备的实时互联成为可能；通过云计算技术和机器学习的算法探知到海量数据的潜在关系，机器的物理世界开始与云计算的虚拟世界融合。

成本的下降使技术加速普及，最终极大地改变商业形态与产品。在设计阶段，企业可以借助 3D 打印、混合现实技术加速产品的设计；在产品制造阶段，工业机器人可以极大地提高制造灵活性。例如，无人机加上机器视觉技术以及全球定位系统，使得无人自动送货成为可能，并且将在未来的几年内改变电商与零售行业；机器视觉技术与激光测距传感器相结合，使得无人驾驶即将替代传统的司机，这一趋势不仅会极大地改变汽车制造行业，而且将很快冲击出租车行业、长途货运以及人类的生活。产品设计、制造、销售方式及使用的变化，将改变企业传统的价值链。价值链上每一个企业的地位将随着价值链的改变而改变。

（三）社会和商业环境的变化

在过去若干年技术变化的同时，人们的交流方式、信息获取的方式也发生着巨大的变化，企业的商业环境也随之变化，具体体现如下：

- 社交网络。随着社交网络的普及，人们的沟通方式从线下扩展到线上。移动设备与 4G/5G 网络的成熟，使得信息的获取变得实时；人们获取信息、分享信息的方式从面对面延伸到远程，从文字扩展到语音和视频。商业环境也随之改变，企业与用户的触点从线下变为全渠道，从购买的接触延展到客户的全生命周期。当用户、企业可以从网络获取到完成商业行为的各种信息后，地域在商业环境中的作用开始大大降低。生产企业可以不再借助某地的经销商就可以直接接触到消费者。生产企业、经销商、消费者之间的关系将从线性关系变为相互直接连接的网状关系。

- 数字原生代(digital native)。在互联网环境下成长起来的一代人习惯使用移动互联网获取信息,与朋友、工作伙伴沟通。当数字原生代逐渐成为消费市场的主力时,企业必须按照数字原生代获取信息的方式提供产品信息,利用数字化的方式通过互联网传播企业的信息。在过去的若干年,人们以"数字移民"的方式加入互联网,随着越来越多的数字原生代的加入,互联网会加速呈现出指数增长趋势,而且爆炸性地向经济和社会各个领域进行广泛的渗透和扩张。

值得注意的是,用户通过网络获取信息的同时,也在不断地向网络"贡献"自己的信息。用户会通过各种社交媒体表达自己对产品的反馈。另外,用户在网上商店浏览产品的同时,也不断地"贡献"着对不同产品的喜好。用户使用导航软件在道路上行驶的时候,不断地将路况反馈到地图服务商。当网络连接的用户越来越多时,用户对网络的贡献也越来越多,网络的价值呈指数上升。网络的价值越来越高,人们对社交网络的依赖将是不可逆转的转变过程。

传统意义上,企业与合作伙伴、用户呈放射状的星形连接。为了更大地发挥网络的优势,企业应该充分认识到梅特卡夫(Metcalfe)定律对企业的作用。梅特卡夫定律由计算机网络先驱罗伯特·梅特卡夫提出,其核心思想是指网络价值以用户数量的二次方的速度增长。网络中总人数是 n，网络价值是 $n \times n = n^2$。理论上最小的网络是点，可以把一个人看作一个点，即一个人的网络是自己和自己连接；两个人的网络，是自己和自己、自己和对方连接，两条连线，同理对方也是两条连线，即两个人的网络是四条连线；五个人的网络，是自己和自己、自己和其他四人连接，五条连线，同理其他四人也分别是五条连线，即五人网络共二十五条连线。当用户通过企业自有或借助社交平台建立的网络中分享有用的信息、获得更好的协作时，企业将为用户带来更大的价值。

（四）产品形态的转变

传感器的大规模应用使产品的运行、使用状态被数字化，用户使用产品的行为与交互方式同样也可以通过人工智能的认知服务被数字化。当这些信息通过网络传送到云平台被企业用于产品的设计、生产时，产品的周期开始大幅缩短，产品的迭代加速，产品的形态也从物理存在的产品扩展为数字类型的产品。回顾过去若干年全球企业的成长过程，可大致将产品分为四个阶段，如图1.3所示。

（1）产品经济阶段

这段时间的企业以汽车、制造以及快速消费品企业为主，大多数诞生在第三次工业革命以后（19世纪70年代）。利用第三次工业革命带来的电子化以及计算机技术，通过大规模生产降低成本，强调产品的功能性，在市场销售过程中配合强有力的广告手段，实现企业的快速成长。这一类产品的生命周期平均需要8～25年的时间。

第一章 数字化转型概论

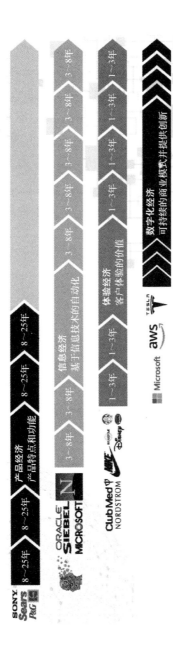

图 1.3 企业利用数字化方式传播信息

(2) 信息经济阶段

如果说产品经济是物质从一种形态转换到另一种形态的领域，那么信息经济就是信息从一种形式转换到另一种形式的领域。最早提出"信息经济"概念的是美国学者马克卢普（F. Mahchlup），他在信息经济方面的经典论著《美国的知识生产与分配》中首次提出"知识产业"，包括教育、科学研究与开发、通信媒介、信息设施和信息活动五个方面。大部分与信息经济相关的公司都是软件公司，这些软件产品虽然还是具有一定的物理属性，如需要通过光盘等介质进行传播，但是产品的研发过程与销售模式都已经产生了根本的变化。由于产品自身的特点，产品的生命周期缩短至 3～8 年。

(3) 体验经济阶段

体验经济以发达的服务经济为基础，并紧跟信息时代。旅游业、商业、服务业、餐饮业、娱乐业等各行业都在上演着体验经济，尤其是娱乐业已成为现在世界上成长最快的经济领域。随着人们物质生活水平的提高，消费者开始关注用户体验。部分消费电子公司、快速消费品公司从产品经济迅速地过渡到体验经济阶段，除了产品功能性，这些公司从品牌的认同角度给予购买者特别的心理体验。在保持长久的市场影响力的前提下，一个产品从研发到市场流行，往往只需要更短的时间。

(4) 数字化经济阶段

数字化经济指人类社会在信息化和网络化环境中的经济形式。在数字化经济条件下，产品从明显的产品周期过渡到可持续的商业模式，并通过创新的方式发展出前所未有的产品，如云服务、电动汽车等。产品已经不再具有明显的生命周期，进入持续更新的阶段。进入数字化经济的阶段，企业必须通过自身的数字化转型，全面改变与客户沟通的方式、对员工的管理方式、企业的运营模式，以及产品的设计、制造、销售模式，才能在数字化经济中再次处于竞争的优势地位。

（五）竞争因素的转变

数字化时代带给企业的另一种变化是跨界竞争可能在任何行业上演。这样的竞争往往带来商业规则的改变。由于信息传递和物流的限制，产品时代的竞争来自两个维度：地域和行业。企业的发展通常在优势产品为主导下扩张。而数字化经济的时代，企业产品的形态从物理形式存在的产品扩展到数字化的产品，企业与客户的关系从一次性的购买关系扩展到持续的服务伙伴关系。当不同行业的数字化产品都能满足用户的某一类需求本质时，跨界的竞争就出现了。跨界竞争可能以替代式或颠覆式两种形态出现。

1. 替代式

跨界的挑战者虽然不具备行业的传统经验，但是若将数字化的优势与传统线下的产品结合，便能创造出更便捷、迅速的产品，甚至直接替代原有的产品。

以传统的通信行业为例，邮局提供了信件寄送服务，这样的服务满足了人们信息传递的要求，电子邮件也满足了信息传递的要求，同时从时效、便捷的角度拥有无与伦比的优势，线下的递送服务被线上的递送服务所替代。电子邮件服务提供商并不需要精通如何优化线下布点或如何更快捷地传递，而是直接找到了替代原有方式且又满足了人们需求的方法,邮局的信件寄送服务就被这样的跨界竞争打败。

2. 颠覆式

颠覆式的竞争往往与价值链的重构相伴。当行业内企业大多数都完成了数字化改造,上下游的合作模式就可能因为交易成本的下降而改变,这个时候行业的价值链可能发生变化。价值链中某一环的地位可能迅速下降,这一环的企业将面临巨大的挑战。

一个比较简单的例子是航空销售,当机票从纸质转换为电子票以后,航空的票务代理公司受到的打击几乎是毁灭性的。同样,汽车满足了人们出行的需求,消费者买车是为了自由地从一个地方到达另外一个地方。如果网约车足够安全、方便,且能满足人们出行的需求,则人们对汽车购买的需求就会减少,转而选择网约车。当乘坐网约车的数量足够多时,网约车平台就能基于乘坐的数据不断优化算法,吸引更多的司机加入,提供更好的服务,人们对购车的需求也会进一步减少。购买整车的需求将不断地被压缩到更小众的需求上,如豪华车等小众市场。甚至有可能发生的情况是,汽车制造厂商的客户群体从最终的消费者转变成为移动出行服务提供商,导致汽车制造厂商按照移动出行提供商的定制要求进行生产。制造商的生存空间从原来的研发、生产、销售、服务的全产业链被压缩到只有生产环节,这对许多汽车行业内的企业将是一个颠覆性的行业变革。

企业的数字化转型不仅仅需要应对跨界的竞争,还需要考虑是否有可能找到新的业务发展机会,成为其他行业的挑战者。在转型规划的时候,需要重新思考:企业的产品与服务能为客户带来什么样的价值?满足了什么样的需求?我们可以创造什么新价值来满足客户可能的需求?汽车满足人们出行的需要,而不只是拥有一辆车的需求;银行满足人们财富增长的需求,而不只是可以方便存取款需求;零售业满足人们迅速找到符合个性化的物质精神需求,而不只是购物的需求。在进行数字化转型的第一步,每一个企业都需要思考这样的问题。

(六) 数字化转型是趋势

除了成功案例,企业数字化转型失败的案例也比比皆是。一方面,据统计,2000 年以来 52% 的财富 500 强公司都已经消失了;另一方面,物联网、人工智能在全球范围内带来万亿级的新市场机会。如同我们看到在从产品经济到体验经济演变的过程中的公司浮沉变迁一样,在进入数字化经济阶段后,也将同样有大量的公司在不久的将来会以不同的形式存在。2017 年的全球首席执行官调查显示,在全球和中国的受调查者中,只有大约 1/3 强烈同意"不接受数字化转型将在未来两年内损害我们企业的竞争力"的观点。然而,如果把时间拉长 10 年,这一比例将增长一倍,达到 2/3。未来,不采取数字化转型将极大地影响企业竞争力。

当技术的驱动因素开始改变传统商业的价值链,链条上的企业都将主动或者被动地发生变化。数字化转型势在必行,然而数字化转型,你准备好了吗?

二、开启数字化转型

数字化转型势在必行,那么,如何从顶层设计数字化转型?有什么样的策略可以选择?如何确保转型具有领先性的同时不脱离企业的实际情况?考虑清楚这些问题以后,企业才能正确地开启转型之路。

(一)首席执行官思考的问题

微软企业服务部每年在中国服务超过几百个客户,这些客户遍布各个行业,如银行、零售、制造、电信等。我们与这些客户的最高决策人或企业高管们在研究数字化转型的议题时,能深刻感受到这些领导人对数字化转型的重视和向往。他们在考虑数字化转型时,往往会关心以下问题:

- 数字化转型如何能支撑公司的发展战略并带来竞争性的优势?
- 数字化转型如何提升公司效率、增加收入并降低成本?
- 行业的数字化转型普遍趋势与个体公司的行业领先性有什么关系?
- 如何开始数字化转型以及数字化转型的落地路径是什么?
- 数字化转型的误区与教训是什么?

这些领导人关注的问题往往是企业数字化转型成功的关键问题,如果不能事先了解并在企业内部、企业与合作伙伴之间充分讨论且形成有效的计划,往往会导致企业在数字化转型的实践中事倍功半。

(二)数字化转型策略

在开始数字化转型之前,企业管理者需要确立数字化转型的策略。对于很多企业管理者来说,"数字化"并不是一个全新的概念,随着IT技术的发展,数字化曾以电子化、信息化的名词出现。无论电子化还是信息化,都是数字化的不同发展阶段,而不同发展阶段创造的价值有巨大的不同。数字化转型不同阶段的策略及其特点如表1.1所示。

表1.1 数字化转型不同阶段的策略及其特点

不同阶段		策略及特点
电子化阶段	无行动	只在更改或客户询问时创建,没有创造价值,没有数字战略和业务增长
	数字化替代	用数字技术取代现有的资产和技能,没有流程创新,业务层面没有变化
信息化阶段	数字化提升效率	将现有的流程数字化,以减少时间、人力和物力的浪费,使操作更顺畅,提高效率
	数字化增强有效性	重新设计数字化过程,以便更充分地达到预期的结果,这是流程和业务模式的创新
数字化转型阶段		利用数字业务创造价值的新方法,业务作为,创建生态系统平台

电子化是数字化的最早阶段。企业将大量的文档通过计算机输入、存储,例如将财务数据通过电子表格进行记录等方式都属于数字化替代阶段。

信息化阶段完成的是效率提升及效用性增强。很多管理者熟悉的企业流程再造（business process reengineering），通过对企业战略、增值运营流程以及支撑它们的系统、政策、组织和结构的重组与优化，使企业达到工作流程和生产力最优化的目的。一个优秀的企业资源计划（ERP）系统的实施也就是企业流程再造的过程。

数字化转型则是数字化的最高阶段。在这个阶段，企业注重的不只是企业内部流程的优化，还包括如何管理在各个环节产生的数字资产，如何利用这些数字资产创造新的数字业务，从而为企业带来新的业务增长点。

在过去的发展过程中，很多企业通过信息化提升了对生产流程的效率，然而这种效率的提升大部分都局限在企业的内部组织、流程与运营中。当效率提升到一定的程度后，投资的边际效用就会降低，企业的发展就达到了一个瓶颈。

数字化实施的不同策略和路径将会给企业带来不同的价值。而成功的数字化转型，将带来颠覆性的价值。然而，采取什么样的数字化策略，取决于企业当前的数字化成熟程度。那么是不是数字化程度较低的企业就不能进行数字化转型？在企业中应该如何开始数字化的初始点？

在开始转型的时候，需要从业务价值与投入两个维度来考虑转型的落脚点，如图1.4所示。

数字化转型的核心是通过转型创造价值。价值的来源可以基于全新的业务或者对现有的价值进行改善和优化。从投入周期来看，可以有短期投入和长期投入。对于数字化程度低的企业，企业更多的是基于现有的价值进行优化；对于数字化程度高的企业，可

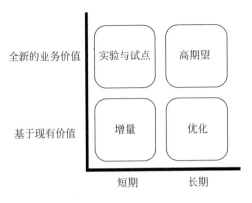

图 1.4　价值的来源

以尝试高期望值的业务进行尝试,通过长期的投入,建立新的业务来源。

值得一提的是,投入的选择并非唯一。在某些领域,企业可以通过实验与试点的方式快速地开始。在企业的数字化转型过程中,有的企业轰轰烈烈地开展了很多实验与试点,最后这些尝试都无疾而终,有的企业通过进一步的流程再造让企业生命力再上了一个台阶,难能可贵的是有些企业通过拓展新的业务领域创造了新的业务价值。

在决定数字化转型投入的方向以前,需要对企业当前的数字化成熟度进行评估,全面了解情况才能令管理者更好地选择决策转型的投入方向。

(三)数字化成熟度

数字化转型需要建立在"数字化"的基础上。很难想象一个流程还停留在纸面的公司能在短期内建立基于数据驱动的决策,同样,还没有建立统一客户关系管理系统的公司几乎不可能一步完成数字化的客户旅程。由于行业的特点,不同行业的数字化程度有非常大的差异。金融、保险等行业由于业务的先天优势,企业内部流程已经高度数字化。在国内,由于数字化支付的普及,非常高比例的零售店铺在支付环节都已经实现了数字化,而更传统的行业如流程制造等行业,数字化则还在起步的阶段。

由于各种历史原因,同一个行业的企业数字化程度也有非常大的不同。在确定企业数字化转型开始以前,管理者需要对企业做一个全面的评估,根据企业数字化成熟度采取对应的策略。企业的数字化成熟度可以分为四个阶段,如图1.5所示。

图1.5 企业的数字化成熟度

(1)滞后的

远低于行业平均水平,设计、生产等环节都还没有对现有的流程进行数字化。

(2)初始阶段的

已经开始了部分尝试,在局部开始进行数字化尝试,初步取得试点效果。

(3)成熟的

大量采用成熟的数字化手段,但是没有针对企业的业务特点实现创新与拓展。

（4）最佳实践的

从企业战略、文化、运营、技术等方面进行转型。

企业可以通过成熟度的评估找到数字化的薄弱环节，明确与业界最佳实践之间的差距。本书第二章第二节的第四部分将详细描述数字化成熟度评估的方法与输出。

数字化成熟度反映了企业的数字化现状，决定了企业在哪些领域开始转型。那么在转型的道路上，是什么决定了企业能成为领先者？

（四）成为数字化转型的先锋

驱动企业进行数字化转型的因素来自于技术、商业的因素，那么决定企业能否成为数字化领先者也来自于这两方面。通过快速应用新技术构建企业数字化能力，建立与社会和商业环境相一致的组织与领导能力，将决定企业在转型的道路上走多远、多快。

麻省理工学院商学院在研究了上百个案例后，将企业从数字化能力与领导能力分为四种类型，如图1.6所示。

（1）入门型（beginner）

这些公司对高级数字功能的使用很少，尽管它们可能应用更传统的应用程序，如ERP系统或电子商务。

（2）跟潮型（fashionists）

这些公司已经实施的数字化举措可能会创造价值。虽然它们可能在一起看起来很好，但它们没有实现在项目之间获得协同效应的愿景。这些公司数字化转型战略并非建立在如何最大化商业利益的基础上。

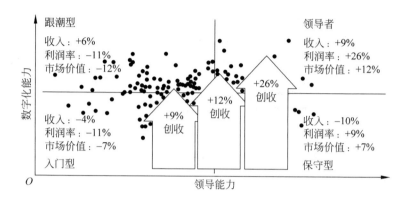

图 1.6 企业数字化能力与领导能力的关系

来源：George Westerman, Claire Calméjane, Didier Bonnet, Patrick Ferraris and Andrew McAfee, "Digital Transformation: A Roadmap for Billion-Dollar Organizations". Capgemini Consulting and MIT Center for Digital Business, November 2011.

(3) 保守型 (convervative)

这些公司谨慎创新，需要一个强有力的统一愿景治理规范和企业文化以确保投资得到妥善管理。但是，它们通常对新数字趋势的价值持怀疑态度。

(4) 领导者 (digital masters)

这些公司真正理解如何通过数字化转型来推动价值。它们将变革的愿景、管理和参与结合起来并充分投资于新的机会，通过愿景、参与及投资并认真协调数字化的举措，它们不断提升数字化竞争优势。

所以，成为数字化的领导型公司必须从数字化能力与企业管理这两个角度出发。

在传统企业中，技术往往为了"满足"业务发展的需求而存在。当业务扩展到一定的规模，就会产生如流程的数字化等技术需求，在需求积累到一定阶段后，企业的 IT 部门将通过大型项目的实施，集中满足业务的需求。这样的项目实施周期，如 ERP 项目，往往需要一年甚至更长的周期。业务部门与 IT 部门往往不能形成一致的目标，相互掣肘。而互联网企业的发展往往是通过技术的积累，在市场上快速累积客户，形成爆炸式的发展。

企业在转型的过程中，需要改变技术与业务之间的相互关系。一方面，通过战略、文化与组织的转变增加技术对业务的驱动，根据企业的现有优势建立新的数字化业务；另一方面，构建数字化的能力，通过快速迭代迅速满足业务的需求。

下面将从数字化平台与组织、领导能力两个方面展开介绍。

三、文化、产品、组织与员工的转变

数字化转型等于文化转变，这是微软转型成功的重要经验之一。与文化转变相适应的是组织的变化和员工职能的变化。数字化转型是变革的过程，为了变革的持续进行，需要从上向下的推进以及从下往上的响应。

（一）企业文化的转变

对于企业的高层管理者而言，数字化转型首先面临的是企业文化的转变，其次才是业务的转变与技术的应用。数字化转型中一个常见的误解是认为设定数字化部门就可以推动企业的数字化转型。数字化转型从某种意义来说是对企业现有商业模式的转变,这种转变带来的结果是现有的某个重要业务有可能被放到较低的优先级,原有的投资可能会消减用于新业务方向的投资;人员的能力要求也可能发生变化,岗位可能调整。在新旧体系交替过程中,如果没有文化的转变,数字化转型有可能永远只存在于高层的构想中,在数字化转型落地的过程中如果没有中层管理人员及一线员工的支持、参与和推动,转型成功的可能性将大大降低。

2018年4月,微软宣布了历史上最大的重组。这次架构调整最大的变化就是Windows不再作为一个独立的事业部存在,这个微软赖以生存的根基被拆分到两个事业部,即体验及设备事业部(Experience + Devices)和云计算及人工智能平台事业部(Cloud + AI)。这是微软全面转向云和人工智能的转型过程中迈出的一大步,这样的分拆在内部能顺利执行的一大秘诀就是微软的文化在过去几年内发生了重大变化,这个变化就是"成长型思维"(growth mindset)。公司所有人以成长型思维的方式来看待这样的变化,而不是以当前的既得利益者眼光来被动接受。

Carol Dweck是斯坦福大学的心理学教授,研究人的自我激励和自我管理。在《思维模式,如何挖掘自身的潜力》(*Mindset：How we can learn to fulfill our potential*)一书中,描述了两种思维模式:停滞型思维(fixed mindset)与成长型思维(growth mindset)。停滞型思维的人认为:人之所以成功,更多的是仰赖天赋和能力,这些都是先天的因素。挑战和承担风险都可能直接暴露自身的不足,并表明自己的任务还没有完成。在停滞型思维的人眼里,成功只证明了先天的一些因素,这些工作中的挑战如同考试,用来定义员工的优劣。就像在已知领域的学习过程中好学生在考试中都会取得好成绩一样,停滞型思维的人必须持续努力才能成功,但是这种成功只发生在熟悉的工作领域,所以他们会害怕新环境和未知的挑战。

成长型思维的人也同样追求成功与卓越,失败对他们来说也是痛苦的事。但与停滞型思维的人相区别的是,他们认为现状并不能定义一个人的成功。这类人把时间更多地花在如何去面对问题和处理问题上,并从中有所得,从而在新环境中获得更大的成功。他们会用动态的思维考虑问题,今天不能成功并不代表明天继续失败,过去的经验同样也不保证将来的成功。具有成长型思维的另一个重要现象则是组织与个人有强烈的学习动力,能够从过去的失败中总结经验,从未知的知识领域中学习新知识并在本行业和工作中进行应用和创新。

在企业数字化转型的过程中,停滞型思维将会阻碍企业数字化转型的进行。具有停滞型思维的员工们会因为害怕失败而不断地强调现有工作的重要性,会不断强调未来的风险。在转型的过程中,他们会全力关注现有的领域,在数字化替代和数字化效率这些层级上不断重复尝试,对于数字化转型层级甚至采取消极抗拒的方式。表1.2所示是两种思维模式的比较。

表1.2 两种思维模式的比较

成长型思维	停滞型思维
• 存在哪些跨界的竞争者 • 行业的价值链将会如何变化 • 企业未来的业务将转变什么 • 下一个核心产品是什么 • 有什么新技术可以采用 • 如何从失败中获取经验 • 员工未来需要什么样的技能 • 强烈的学习动力与氛围	• 忽视外部环境的变化与跨界竞争的可能 • 只看到现有市场的占有率而忽视新市场的开拓 • 在现有的产品上改良而不是革新 • 控制下游,而非建立企业生态的合作共赢 • 只关注内部的流程优化而忽略内外部的关联 • 对新技术的影响持保守态度

在数字化转型中，成长型思维只是文化重塑中非常重要的一方面。管理者在进行数字化转型之前，必须将文化的转变作为首要因素去考虑。我们见过了太多的失败案例——好的战略往往被落后的文化所吞噬。

（二）产品的转变

借助前三次工业革命的新技术，企业的生产力得到飞跃式的发展，产品有了形形色色的形态。然而对生产制造领域企业来说，产品从来没有发生过本质的转变：所有的产品都以某种实物形式存在，随着电子技术的发展，通过添加电子设备使得产品的操作变得容易，在这两个阶段，产品在销售完成以后，消费者与生产厂家的关系就开始割裂了。以汽车为例，在汽车的早期发展过程中，整车厂商通过不断地升级物理特性来满足用户的驾乘需求，接下来开始对各种设备进行数字化替代，如车灯控制、车辆状态的显示等。

随着通信手段的添加，企业的产品可以进一步数字化。产品将始终与生产厂家保持着某种程度的数据收集与交换，这种数据的连接将帮助企业加速产品的迭代，并为用户提供更好的服务。随着产品持续不断的销售与使用，企业将收集到呈指数级增长的海量数据。汽车整车厂商通过车联网对消费者提供持续的售后服务，同时通过对驾驶数据的收集来进一步加速产品的设计。

企业管理者接下来需要注意到一个巨大的变化：在前面的三个阶段，产品仍然具有其物理属性，都以某种实物形态存在。在数字化转型过程中，企业需要继续探索在生产物理意义上的产品的同时，是不是有可能成为纯数字产品的制造者？利用产品数字化后收集的数据进行加工，除了对内部研发、生产、市场销售产生积极的作用以外,是不是有可能将这些数据转换为新的数字产品?如汽车整车厂商,可以通过对驾驶人员的习惯、使用进行分析,将数据提供给保险公司,保险公司再根据这些数据实现个性化的保险报价,从而使得多方收益。企业产品的转型如图1.7所示。

图1.7 企业产品的转型

传统企业首先要通过数字化转型逐渐实现产品的转型,然后迈向最后一个阶段。一些行业如银行业,由于业务的先天属性具有非常高的数字化程度,可以更容易地产生数字化产品。当然,企业在产生数字化产品的同时,也不可避免地"消费"其他企业产生的数字产品。例如,银行和汽车企业可以相互利用对方的数据完善直接用户的信用档案,迅速完成购买时的授信及贷款的执行。

所以,企业在转型的过程中,也必须思考如何在安全可靠的前提下,灵活地建立海量数据的收集及使用技术平台,这种平台能通过数据的分析为企业提供下一步的决策帮助,转换成为数据资产并进一步将数据资产货币化。这些海量数据的收集、存储及分析必须借助新的IT技术才能实现。然而幸运的是,成熟的云平台将完全解决企业传统IT技术难以解决的问题,帮助企业在产品转型过程从物理形态的产品扩展到数字产品。企业的管理者只需要更多地从业务的角度思考如何实现这一转变。这一课题对于企业的数字化转型非常重要,鉴于本书的篇幅所限,本节不能详细地介绍,但是欢迎读者继续与我们交流并尝试了解微软基于数据合规与安全的观点和技术及解决方案。微软自身实践着业界最高水平的安全与合规,并服务于对此有严格要求的行业领先客户。

(三) 无边界的企业

1937年,罗纳德·科斯(R.H.Coase)发表了开创性论著《企业的性质》,创造性地利用交易成本分析了企业与市场的关系,阐述了企业存在的原因。因为这一创造性的理论,科斯在1991年获得诺贝尔经济学奖。科斯指出,企业本质是一种资源配置的机制,企业与市场是两种可以互相替代的资源配置方式。不同生产要素可以通过市场或企业的形式组织起来,以何种形式组织取决于哪种形式具有更高的效率与更低的搜寻、沟通及监督成本(交易成本)。

过去几十年在全球化的背景下,企业规模急剧扩张,出现了大量的全球性企业。借助通信技术、电子邮件以及其他生产力工具的支撑,员工可以通过语音、视频随时与总部跨地域沟通,同时也可以方便地通过电子邮件与多人分享业务进展,员工之间还可以通过各种IT工具进行知识共享和流程协作。这些技术与工具极大地降低了企业内部的交易成本,增强了企业员工的协作能力与知识技能,企业有着比市场更高效的组织与协作形式。

随着技术的进一步发展,市场(企业间)的交易成本也开始下降。互联网平台使得企业寻找供应商及客户的方式发生了转变,企业有可能找到专业的设计商进行设计,借助混合现实技术,参与方可以实现远程查看和审核;移动技术与社交软件使得跨组织的人不用依赖企业IT提供的平台也能实现基于语音与图像的沟通,迅速建立协作关系;制造商、运输服务商、零售商可以通过数字化技术将生产、运输及销售的状态实时互联,跨企业之间的数据交换平台与流程平台使企业上下游的协作如同企业内部协作一样实时透明,基于区块链的智能合约技术保证合同执行的跟踪与各方评价,使参与协作的企业都更加关注自己的部分并使其更加专业。在这样的背景下,企业之间的边界将会越来越模糊。

无论 ERP 还是 BPR,重点都在企业的内部流程与资源管理上。数字化转型更强调企业与合作伙伴或客户的生态建设。企业的边界从厂房、办公室的物理范围转变为无边界的存在形式,企业的系统将从内部流程管理、资源管理的系统扩展为连接上下游、连接用户的数字化平台。如同前面提到的梅特卡夫定律一样,这个数字化平台连接到的合作伙伴、用户越多,企业的价值将越大。在数字化时代,企业的大小将不再按照企业雇佣的人员数量为界定标准,企业的影响力将转变为企业数字化平台连接的数量以及收集到的数据量为衡量标准。

(四)员工与组织的转变

如果说企业文化转变帮助企业自上而下地推动数字化转型,员工的转变则是一种自下而上的响应。在转型过程中,赋能员工也是不可忽视的一方面。员工的转变主要体现在以下几方面:

首先,员工的职能将从流程执行转换为业务驱动。数字化平台中大量可自动化的应用和大量机械重复性的工作将被机器所替代。员工得以从日常事务中解放出来,在数字化平台的支持下进行如数据分析等业务驱动类型的工作。在这一转换过程中,也伴随员工能力的升级。

其次,员工将成为企业创新的发源地。当员工的职能转变为业务驱动以后,员工对企业的产品与业务拥有更多的关注,这种关注带来的是对产品的思考。例如，一线的销售人员转型成为产品顾问以后，他们将在与客户的沟通过程中不断获得最新的产品反馈与希望的要求。科技的平民化带来创新门槛的降低，更多的员工都可能利用这些便利开始创新的想法。在员工职能的转变过程中，也需要企业管理者关注到这一点，为员工提供创新的平台与内部创新机制，加速产品的迭代与升级。

最后，利用企业内的网络效应。连接客户的数字化平台可以利用客户及其社交群体的网络效应，内部连接员工的网络则是一种新型的内部协作机制，给不同部门、职位的人合作的机会，这会让员工更好地了解公司，也能发掘更好的工作方法，使员工有更强的归属感，而归属感正是传统企业所缺乏的。传统企业中传帮带的模式将被企业内部社交网络所替代，每个人都可能是贡献者，都可能利用自己在某个领域的专业知识指导和帮助其他人。

伴随着这样的转变过程中，企业的组织架构需要与之相适应。在新的业务领域，企业将从大而全的组织演变为充满灵活性的内部协作小组，企业的决策机制围绕着客户的需求变得更加敏捷。这些小组与其他小组通过一些系列的服务约定来定义各自的工作职责，这些小组在一起共同创新，快速响应其他团队的要求。

四、构建数字化转型能力

数字化能力是将企业数字化转型策略、场景及项目方案转换为实际可执行系统的执行机制与技术平台的能力。通过这套执行机制,企业可以实现项目的快速落地,技术创新;基于技术平台,企业可以整合内部数据资产,将数据转换为企业职能,进而创造业务价值。

(一)敏捷交付模式

构建数字化转型的能力,首先要改变数字化项目的交付模式。

数字化转型是对企业文化、产品与商业模式的巨大转变,然而数字化转型通常由一系列有规划的微创新开始的。这些创新可能随着外部环境的变化而调整,同时也是不断学习、试错的过程。所以,数字化项目的交付模式必须采用敏捷交付模式。

对于企业客户而言,敏捷交付模式是一个陌生的话题,很多传统企业的敏捷交付模式的实践并不成功。因为企业内不同部门的不同职责决定了企业在进行部门协作时必须清晰地定义责任与时间表,所以在项目实施时企业倾向瀑布式的工作方式,即将项目划分为清晰的几个阶段,在项目开始的时候将项目的业务流程与细节进行清晰地描述后再开始进行开发。在参与部门数量众多的时候,项目周期常常按年计算。如果照搬这样的模式,数字化项目将可能面临"投产即落后"的窘境。那么敏捷交付模式与瀑布式模式的区别在什么地方呢?

Erik Hollnagel 是敏捷开发社区的泰斗之一,在他的《权衡效率与效果》(*Efficiency-Effectiveness Trade Off*)一书中有两个关于敏捷模式的观点:

- 问题太复杂了?忽略一些细节。(Problem too complicated. Ignore details.)

- 没有足够的资源？放弃一些功能。(Not enough resources? Give up features.)

与此类似，硅谷创业家 Eric Rise 在其著作《精益创业》一书中提出了"精益创业"(lean startup)的理念。其核心思想是：开发产品时先做出一个简单的原型——最小化可行产品(minimum viable product, MVP)，然后通过测试并收集用户的反馈，快速迭代，不断修正产品，最终使产品适应市场的需求。

企业在数字化转型过程中，如果要引入颠覆性商业模式，就必须改变组织和团队结构，改变产品设计及制造流程，将敏捷交付模式引入数字化的实施中，从而逐渐构建出全新的平台。

（二）人工智能与数字化转型

什么是人工智能？人工智能与数字化转型的关系是什么？

在谈到人工智能之前需要提到图灵测试(The Turing test)。图灵测试一词来源于计算机科学和密码学的先驱艾伦·麦席森·图灵写于 1950 年的论文《计算机器与智能》。图灵测试指测试者与被测试者(一个人和一台机器)在隔开的情况下，通过一些装置(如键盘)向被测试者随意提问。进行多次测试后，如果有超过 30% 的测试者不能确定出被测试者是人还是机器，那么这台机器就通过了测试，并被认为具有人类智能。1950 年 10 月，图灵又发表另一篇题为《机器能思考吗》的论文，成为划时代之作。也正是这篇文章，为图灵赢得了"人工智能之父"的桂冠。图灵还进一步预测称，到 2000 年，人类应该可以用 10GB 的计算机设备制造出可以在 5 分钟的问答中骗过 30% 成年人的人工智能。从现在的发展来看，人工智能的进展已经远滞后于图灵当年的预测。

在1950年到今天的短短若干年里，人工智能经历了几次起伏。专业从业者不断地从不同的技术方向进行尝试，1997年5月11日，深蓝成为战胜国际象棋世界冠军卡斯帕罗夫的第一个计算机系统。在国际象棋这个领域，计算机已经通过了图灵测试。然而，从专业的角度来看，深蓝当时并没有采用新的技术，只是利用了计算机不断增强的计算能力与存储能力通过有策略的"穷举法"实现了胜利。虽然在国际象棋领域计算机取得了胜利，然而在其他的领域如声音识别、图像识别等方面，正确率却一直停滞不前。直到2010年左右，机器学习（machine learning）算法的应用，图像、声音的识别率才开始大幅提高，从而掀起了人工智能发展的又一次高潮。ImageNet冠军及其错误率如图1.8所示。

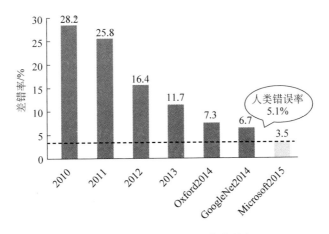

图1.8　ImageNet冠军及其错误率

机器学习是人工智能的一个分支。人工智能的研究历史有着一条从以"推理"为重点，到以"知识"为重点，再到以"学习"为重点的自然、清晰的脉络。机器学习理论主要是设计和分析一些让计算机可以自动"学习"的算法,通过数据自动分析获得规律,并利用规律对未知数据进行预测。所以,机器学习的基础在"数据"。机器学习算法与传统的计算机软件中的方法完全不同。传统的算法依赖于明确的条件进行判断,机器学习通过对数据分析获得规律。也许在不久的将来,人们将会看到更强大的人工智能算法,但是现在的进展已经爆发出了巨大的生产力。随着各大科技公司的努力,短短几年内语音识别、人脸识别已经在消费电子领域、零售行业等被广泛应用,很多数字化程度高的行业,如银行、保险等金融行业以及一些制造企业已经开始利用机器学习对生产、运行中的数据进行分析,探寻进一步的规律,从而提高决策的准确性。

下面介绍人工智能与数字化转型的关系。

首先,数字化转型将生产、市场销售中的大量机器设备状态、用户行为数字化以后,可以为人工智能的机器学习提供必要的数据。例如,企业利用物联网技术将所有设备的运行数据收集,通过机器学习可能发现一线操作人员难以发现的运行模式,从而提前预测需要的维护、维修工作。

其次,人工智能将数据转换为智能,这样的转换为数字化转型带来更大的商业价值。例如,传统的客户忠诚度计划中按照经验将客户分为不同等级的客户,提供统一的服务,而人工智能则可能察觉到人群中的共性,对人群进行自动分类,根据不同人的喜好提供实时的个性化服务。银行可以通过人工智能提高资金的利用效率,物流企业可以通过人工智能提高运输工具的调度效率。

最后,人工智能可以将智能转换为行动,实现与最终操作者或用户的交互,实现端到端的闭环操作。例如,对客户分类以后,可以通过人工智能实现的语音机器人向用户进行个性化的推荐,完成购买。或者通过在前端的智能机器实现对设备的操作,或者实现在工作场所的不同设备之间相互协作。

可以说,人工智能与企业的数字化转型相互促进。没有数字化转型,企业无法建立有效的数据收集、存储机制,人工智能只能是纸上谈兵;没有使用人工智能对数据进行充分处理,转换为智能与行动,转型可能就更多地集中在现有业务价值的优化,无法创造出更大的价值。

微软在与众多企业的数字化转型的合作中总结了大量人工智能的应用场景。表1.3列出了一些场景供参考。

表1.3 人工智能的应用场景

场景	使用	应用
智能客服	• 电话客服 • 网页在线客服 • 手机App客服 • 实体机器人客服	**痛点**: 内容较多,检索困难,如果后台使用人工客服,则应接不暇导致客户满意度下降,流量流失 **方案**: • 在手机App、网页前端或者呼叫中心,设立对话机器人 • 通过语义识别、知识图谱、内容搜索服务,实现个性化服务 **收益**: • 用户获取内容更方便、更精准 • 用户黏性更高,有效访问和点击率大幅上升 • 减轻了人工客服的工作负担

续表

场　　景	使　　用	应　　用
顾客识别	• 超市 • 便利店	**痛点：** 超市便利店每日客流量大，客户和各种商品管理工作繁重，抓取分析用户行为困难，业务水平提升困难 **方案：** • 在超市门口、不同商品区域以及收银台添加人脸识别摄像头，识别VIP客户及不友好客户 • 分析客户在不同商品停留时间及其所购买的商品，并汇总数据进行分析 **收益：** • 优化上架商品的摆放位置 • 识别客户身份，分析客户行为 • 保证店内财物安全
智能门禁	需要门禁的办公室或其他场所	**痛点：** 原有系统只凭打卡进入，便捷性和安全性都有待提高 **方案：** 基于人脸识别的方案，用户访问和身份识别更便捷、更安全 **收益：** 更便捷、更安全、企业形象更高端
销量预测	企业运营部门	**痛点：** 需求预测准确率低下，影响公司整个价值链上的每个节点 **方案：** 通过机器学习方法去提高需求预测的准确性 **收益：** 通过对需求的准确预测，合理安排产量，优化供应链管理

续表

场景	使用	应用
质量检测	• 对于良品、次品、标签、废品等进行识别分类 • 工厂次品检测 • 标签错贴或漏贴 • 垃圾分类等	痛点： 原来基于人工进行次品、错贴、漏贴的检测，效率低、花费高 方案： 利用图像识别、认知服务，快速进行检漏与检测 收益： 成本低、速度快、误判率低
同步翻译	• 产品需要推向全球的企业 • 翻译设备制造商、旅游服务	痛点： • 要把一款产品推向多个国家和市场，需要本地化的语言，需要翻译的内容很多，翻译工作任务比较繁重 • 许多旅游行业相关服务酒店、博物馆、著名旅游景点等，也需要翻译服务，服务来自世界各地的客户 方案： • 利用翻译服务，公司能够在最短时间内将产品内容实现多语种发布 • 旅游服务中的翻译设备和应用也可以应用翻译服务实时地和客户进行交流 收益： 将产品和方案快速推向全球市场，获得跨地域的用户互动体验

（三）数字化平台

企业的应用以满足业务需求为前提，企业各个IT系统的关系也体现不同部门、业务线之间千丝万缕的联系。企业数字化平台同样也将反映数字化转型的企业架构,满足对应的业务诉求。在谈到具体的技术之前,下面先介绍一个有趣的话题:康威定律。

康威(Mel Conway)在凯斯西储大学获得数学博士学位后,参与了很多知名的软件项目,如著名编程语言 Pascal 编辑器的工作。慢慢地,康威观察到一个现象:软件团队开发的产品是对公司组织架构的反映。1967 年他把这个观察写成文章提交到《哈佛商业评论》。当然,在那个年代人们还不能观察到软件平台与企业组织之间的关系,这篇文章被当作关于软件开发方面的文章无情被拒。对于这篇文章中的一些发现康威也不敢自称定律(law),只是描述了自己的发现和总结。在后来经过若干年的发展,人们才逐渐认识到这些发现的重要性,这些发现逐渐成了康威定律。

康威定律的核心如下:任何设计系统的组织,必然会产生以下设计结果——其结构就是该组织沟通结构的写照。简单来说,产品必然是其组织沟通结构的缩影。在数字化转型的背景下,企业在商业环境、组织管理上的变化,最终也将反映到企业的技术平台。

首先,企业的团队变得更加灵活,各个业务小组之间通过服务定义来明确自己的工作内容与输出,企业的数字化平台也将逐渐从大规模的流程系统演变到服务定义的架构。

其次,企业业务将从研究、生产、销售的开环变成持续服务并收集反馈的闭环。企业的系统也必定会体现闭环的效用,从信息的收集与记录扩展到分析与最后的行动。

最后,当企业的边界变得模糊、连接与协作变得越来越重要时,企业的各种数字化系统也会穿过技术的防火墙并与外界建立更紧密的联系。数字化系统不再是企业内部的流程系统、管理系统和权限系统,更多的将变成支持企业生态发展的数字化平台。

未来企业的数字化平台将会产生什么变化?表1.4所示是传统企业平台和数字化平台各项指标的对比。

表1.4 传统企业平台和数字化平台各项指标的对比

指　　标	传统企业平台	数字化平台
数据产生	• 大部分来自于键盘输入 • 小部分来自于RFID(无线射频识别)等数据采集 • 以结构化数据为主 • 按照每年,进行数据量的估算	• 机器视觉 • 传感器 • 自然语言输入 • 大量的非结构化数据 • 按照每天,甚至每小时估算数据量
数据传输	• 企业内部网络 • 企业专线	• IoT(物联网)专用网络 • 互联网
数据存储	企业自建存储设备	云存储与自建存储的结合
数据分析	数据库技术	• 认知服务 • 机器学习 • Hadoop/HDInsight(分布式数据系统)
数据交换	文件交换	开放API(应用程序接口)

图1.9所示为使用了微软云计算技术建立的人工智能平台的概念图。从中可以看到,前端通过不同系统产生的数据被采集管理起来,利用云计算平台优势进行存储,进一步将数据转换为智能的分析与决策,最终通过不同的渠道与业务场景产生最后的影响。

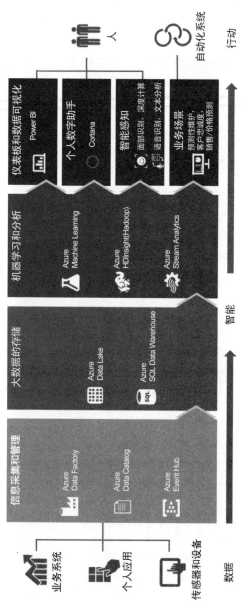

图1.9 基于微软云平台的企业数字化平台的概念图

五、数字化转型的四大方向

数字化转型是关于如何将人员、数据和流程汇集到一起为客户创造价值并在数字优先世界中保持竞争优势。从客户、员工、运营以及产品四个方向对数字化转型的方向进行全面思考，才能创造价值，保持优势。

从业务的角度来说，数字化转型是指利用最新的数字化技术重新塑造业务流程，创新业务模式，而这样的创新建立在可信的计算平台基础上。很多传统企业没有意识到企业拥有两种资产：物理资产与数字资产。企业数字化转型阶段最重要的任务之一就是要重新定义企业的数据资产，如图 1.10 所示。当今，优秀的企业对物理资产如何产生、如何管理、如何销售都有着成熟的管理模式，在 IT 行业也有各种成熟的软件与解决方案支持。然而，数据资产对大部分企业是一个陌生的领域，正如微软的首席执行官所

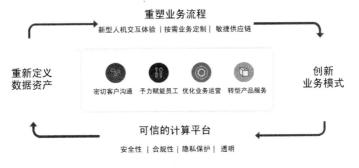

图 1.10 企业数字化转型的定义

言:"每家公司都是一家软件公司。你必须像运作一家数字化公司一样思考和行动,而不再仅仅是购买、部署一个简单的软件解决方案,你得真正把公司的未来想象成一家数字化公司。"(Every company is a software company. You have to start thinking and operating like a digital company. It's no longer just about procuring one solution and deploying one. It's not about one simple software solution. It's really you yourself thinking of your own future as a digital company.)

为了业务的转型,企业需要从客户、员工、运营以及产品四个方面对企业流程、业务模式进行全面的思考。从每个转型的方向来看,具体如下:

- 密切客户沟通。通过利用代表客户完整视图的数据,构建自然的、量身定制的用户体验,然后绘制出可操作的思路,从而可以实现大规模的个性化服务。
- 予力赋能员工。通过设计现代的工作场所,让每个工作风格的员工都能发展起来,帮助员工实现更多目标。利用数字智能改善体验并实现灵活性,同时保持组织人员和信息的安全。
- 优化业务运营。通过可预测未来的智能流程协调人员和资源,加快业务响应速度,提高服务水平并降低成本,使资产更有效率。
- 转型产品服务。利用数据作为战略资产,从后知后觉转向先知先觉,自动化手动流程,为客户提供个性化服务;利用新的商业模式、服务、产品和体验进行创新,实现差异化和捕获新兴的市场机会。

转型的四大方向并不是割裂开来的，而是紧密联系、相互促进的，如图 1.11 所示。

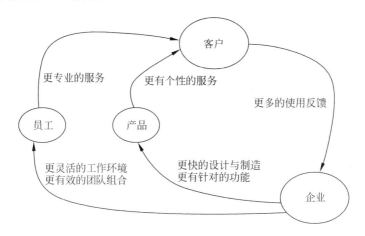

图 1.11　企业转型四大方向之间的关系

首先，企业运营需要通过市场、销售、售后服务与客户产生更紧密的沟通。在客户选择产品的阶段，可以通过员工更专业的服务让客户挑选到符合自己需求的产品，而产品与客户服务模式的转型能帮助企业持续收集到客户的使用反馈，进而促进客户到用户的转变。

其次，更多的反馈能为企业提供有效的帮助，改善自身的运营。反馈与数据的收集可以帮助产品设计并加速迭代，利用各种现代辅助设计手段，企业在设计阶段就可以考虑更有效的功能来满足客户现在甚至未来的需求。

最后，通过建立企业知识图谱，配合现代化的通信手段，企业为员工提供了更灵活的工作环境，从研发到生产，从市场到销售，形成跨距离的高效团队。这样的团队将为企业创造全新的业务价值。

下面将会从客户、员工、运营与产品四个角度概述企业如何展开转型,每个方面的介绍与实际案例可参考本书的第三章~第六章。

(一)密切客户沟通

前三次工业革命一次又一次地释放人类社会的生产力,从供给侧满足了工业与生活的各种物质需求,当人们有着丰富的物质资源可以选择的时候,需求将变得更加多样化与个性化。需求侧的这种转变将成为影响消费者作决策的重要依据。市场早已从卖方市场转变为买方市场,大多数企业都已经认识到"以用户为中心"的重要性。然而,企业如何转型才能实现以用户为中心?需要从以下四个方面进行转变:

- 以客户为中心整合业务。专注于满足客户体验和策略,创造无缝的服务体验,并根据客户想法行事,将市场、销售、产品和服务等部门整合,将不同的产品线组合在一起重新设计用户体验。
- 创造粉丝和关注细分市场。在满足现有客户群体的同时努力寻找新的客户细分群。基于对客户的洞察力,将客户转化为真正喜爱产品的用户和宣传大使。
- 以数据为导向的客户洞察力。充分利用高质量或数据驱动的思路辅助销售,并创造客户真正想要的体验。
- 强调技术驱动,做市场领导者。强调技术在企业中的应用,从市场宣传、客户洞察、产品升级等方面都需要充分考虑技术因素,在技术决策和工具方面取得竞争优势。

然而,"罗马不是一天建成的"。即使在数字化程度较高的金融行业内部,不同业务线的数据也可能呈割裂状态和睡眠状态,数字化程度低的企业更面临着客户数据不完整的挑战。要实现上面的目标,需要打通企业内部的条块分割,让不同的企业部门站在成长型思维的角度认识到合作后带来的客户价值一定会大于当前的价值,统一的客户体验会为各个部门带来更多的业务机会。表1.5列举了密切客户沟通的各阶段及业务价值。

表1.5 密切客户沟通的各阶段及业务价值

阶 段	业 务 价 值
阶段1:设计并统一数据模型 • 确定集中的统一数据模型 • 确定数据的管理方式、业务与IT数据	• 获得更好的业务洞察力 • 实施具有合规性
阶段2:分享客户的360°全景 • 收集所有渠道客户数据 • 实现大数据的收集、存储转换和分配 • 从整个企业的系统获取报告数据 • 提供具有分析能力的集中数据仓库	• 增强客户体验 • 增加协作 • 提高客户满意度 • 降低运营成本
阶段3:增强业务洞察力和连接性 • 确定客户的旅程和需求 • 模拟、分析客户模式和想法的数据 • 提供协作和共享工作区 • 确保核心系统作为服务启用(启用API)	• 更好地为客户服务 • 提高业务洞察力 • 增加销量
阶段4:启用预测体验 • 通过实时业务和客户分析,预测客户偏好和期望 • 通过预测模型、客户洞察促进客户享受特定的优惠 • 通过客户分析为客户提供决策选项 • 展示有吸引力的媒体	• 促进加售/交叉销售 • 提高粉丝满意度 • 提高市场份额 • 减少客户流失

（二）予力赋能员工

正如在本章第三节第四部分提到的，员工将成为数字化转型的重要力量。无论企业创新还是数字化项目的实施落地，都需要通过员工的参与、执行与合作才能实现。在未来的几年内，数字化的原生民将占据大部分，这些数字化的原生民期望的工作方式与环境与现有的环境有很大的差异。在转型过程中，企业需要在内部建立赋能员工的平台，才能充分发挥员工在企业运营中"人"的作用。要实现这一点，需要从下面四点来推动：

- 数字化工作环境。建立数字化的工作环境与企业的内部社交网络，全面满足移动办公的需求。
- 数据驱动。使用可用的数据获得关于员工的想法并做出决定。
- 自助服务和简化流程。创建新的交付系统，为人力资源简化常规流程并提供自助服务工具。
- 技能。为员工投资新的技能发展并进行培训。

予力赋能员工的各阶段及业务价值如表 1.6 所示。

表 1.6 予力赋能员工的各阶段及业务价值

阶　　段	业　务　价　值
阶段 1：制定数据分类和安全模型	
阶段 2：连接人员和团队 • 无论员工想法如何，实现无缝的理念共享和协作开发 • 了解员工工作地点和时区 • 利用跨职能团队，跨越地域，提高生产力	• 提高员工生产力 • 推动知识共享 • 提高员工满意度

续表

阶　　段	业 务 价 值
阶段3：通过移动生产力创造价值 • 使用来自市场内的产品、社交网络和分析数据来覆盖新的机会和路线图 • 让学习者在整个组织中共同创造价值	• 提高创新投资回报 • 降低产品发展成本
阶段4：应用分析 • 让员工成为客户的痴迷者 • 从产品和市场趋势中获取数据洞察 • 以数据为驱动进行产品设计 • 支持决策、计划和客户连接	• 令员工把市场洞察力转换成为创意 • 加速创新 • 从"首先上市"的产品增加收入

（三）优化业务运营

优化业务运营是数字化转型的下一个领域，它如同物联网（IOT）这样的颠覆性技术一样正在加速发展。例如在制造业，曾经孤立的现场设备现在可以连续连接，使企业能够从仅仅对事件做出反应转变为实时，甚至提前对事件作出反应，并提前解决问题。当应用这些功能时，企业有可能提供前所未有的服务水平来重塑与客户的关系，这种服务能够通过在广泛、分散的终端收集客户数据来持续改进。通过学习先进的分析，然后应用这些学习来持续引进改进，这听起来像软件公司所做的事情，但是随着机器学习、人工智能使用门槛的降低，更多的组织都可以采用相同的方法挖掘新的效率。在零售行业，通过数字化门店可以收集到更多的客户行为数据，例如，客户在门店里看了什么？试了什么？与销售交流了什么？这些数据与最终的销售数据关联起来会产生更多的市场洞察，从而优化企业的库存与经营水平。

优化业务运营,可以从下面五个方面实现:
- 提高效率的技术。使用 IOT 和传感器提升影响销售和客户满意度的效率水平。
- 使用数字平台减少交付时间。持续连接现场设备,并通过大量分散的端点收集数据,获取客户的想法并优化生产和交付时间。
- 以更低的成本测试新产品和服务。由于数字化的支持,可以以更低的成本更多地测试新产品,失败了再试一次。测试新服务和产品的成本只占其成本中的一小部分。
- 在客户问题成为问题之前预测到并解决问题。
- 当然优化业务运营还有可能涉及企业的真正业务运作(如物流行业的线路优化与装载优化)、管理功能的优化(如财务与资金的优化等)。

优化业务运营各阶段及业务价值如表 1.7 所示。

表 1.7 优化业务运营各阶段及业务价值

阶　　段	业　务　价　值
阶段 1:与客户、服务提供商和设备制造商建立全渠道沟通 • 通过多种数据采集和通信解决方案实现移动和访问权限 • 将 IOT 连接嵌入目标设备 • 促进远程互动和分散控制的机制	• 降低差旅成本 • 降低培训和认证成本
阶段 2:实现数据收集和通信 • 确定适用的分析功能和工具 • 实现机器学习和 IOT 集成 • 在统一报告和仪表板服务中集成传统和现代自动化、遥测和机器学习	• 减少意外停机 • 在数据建模上花费较少 • 缩减 IT 托管和存储的基础架构成本

续表

阶　段	业　务　价　值
阶段3：优化并增强分析和移动性能力 • 通过不断增强移动性和高级分析功能来改善协作 • 分散控制权	• 更低的维护成本 • 消除昂贵的第三方合同 • 赋予员工技术能力

（四）转型产品服务

有观点认为，未来的一切都将由软件定义，硬件将更加标准化，软件将赋予硬件设备以灵魂。将软件技术直接嵌入到产品和服务中的机会正在促使组织演变成组织如何提供业务价值，实现新业务模式和强化已建立的市场。如果每家公司都是有效的软件或数字公司，那么他们的产品性质和整体业务模式会如何转变？由于数字技术，产品毛利率的来源会从"实物"转变为提供服务的类型吗？传统企业转型产品与服务过程也是软件定义产品的过程。然而这样的转型并非简单地将传统产品转型成为"智能"产品那么简单。做到转型产品服务，需要考虑以下四点：

- 利用数据进入新市场。使调查收集的数据成为新业务机会的关键资产。通过数据洞察工程和优化服务流程创新的机会。
- 修改商业模式以优先考虑敏捷性和新兴市场趋势。通过增加物理数字产品来寻找新的商业模式，围绕传统产品构建数字服务。
- 让客户成为商业伙伴。了解企业的商业价值与客户相交的方面，寻找机会增加进入新市场的机会，同时要注意降低技术风险和安全风险。
- 连接产品以放大并重新定义其价值。通过更深入地洞察进行机器学习和分析，在两种产品中找到新的价值连接。

转型产品服务各阶段及业务价值如表 1.8 所示。

表 1.8 转型产品服务各阶段及业务价值

阶　　段	业 务 价 值
阶段 1：连接人员、团队和产品 • 无论位置和时区如何，实现个人/团队之间的无缝想法共享和协作开发 • 跨团队智能、地理边界和供应商组织以提高生产力 • 将设备连接到 IT 系统（启用 API）作为第一步 • 将 IOT 连接、嵌入到目标设备 • 促进远程互动和分散控制的文化	• 降低产品开发成本 • 促进知识共享 • 提高员工生产力
阶段 2：3D 打印的使用、分析 • 使用 3D 打印，加速创新和优化 • 从产品反馈和市场趋势中获取市场洞察力、推动决策，利用产品使用和性能遥测以进行设计决策	• 增强市场洞察力 • 加速创新 • 通过创新的"首次市场"服务增加收入
阶段 3：获得移动化的、敏捷的生产力 • 使用来自市场内产品以及社交网络和分析的数据来发现新的机会和阶段性承诺 • 形成一个更精简的产品开发组织 • 将客户的需求和愿望纳入当前和未来的设计中	• 推动创新投资的更高回报 • 降低原型设计、物理建模和测试成本

六、总结

本章从企业的商业环境和技术驱动的转变出发,描绘了数字化时代的变化以及数字化转型的必要性和紧迫性。要开启数字化转型之路,企业需要从下面四个方面做出思考:

- 企业必须选择合适的策略,兼顾增长和优化当前业务,创造新的业务价值。
- 对企业数字化成熟度的现状进行评估,选择合适的投资方向。
- 从组织与变革领导力的角度,思考产品的转变、企业组织的转变与合作伙伴的关系。
- 从技术的角度,建立敏捷的方式,大胆考虑人工智能等新技术的可能应用场景,建立数字化平台。

第二章将从方法论的角度介绍如何开启数字化转型之路。

第二章

数字化转型之路

数字化转型是集业务与技术于一体的创新,它既不是在技术上被动地响应业务发展需求,也不是只关注新技术在企业的试点。一千个读者心中有一千个哈姆雷特,每个企业的数字化转型都不尽相同。然而,转型之路有规可循吗?答案是肯定的。本章将介绍如何开启数字化转型之路。

数字化转型可以分为三个阶段：梦想、规划与实践。这三个阶段相互关联，相互促进，螺旋上升。梦想：构建数字化转型愿景，设想未来业务场景。规划：考虑场景的业务价值，通过设计思维的方法进行快速的场景化以及原型试点，结合企业自身的数字化成熟度制定转型规划蓝图。实践：通过敏捷的方式落地转型场景，关注交付价值，推行数字化文化，持续优化蓝图，推进数字化转型。数字化转型实践框架如图2.1所示。

图 2.1 数字化转型实践框架

为了更方便地理解数字化转型方法论，直观地理解在每个阶段的目标和输出，本节结合一些实际案例，另外加上一家假想的企业 Contoso。对于微软的技术爱好者来说，Contoso 并不陌生。在微软大量文档、帮助文件中，常常使用这么一家公司作为技术文档的假想企业。本节暂时借用这家公司，让它来到中国，成为本节数字化转型方法介绍的假想企业。

Contoso 是一个年销售额接近千亿元的企业，产品覆盖了从民用工程设备到特种装备，随着业务的发展，Contoso 也开始尝试一些家用的小型清洁装置。在经历了过去几十年的快速增长后，中国的经济进入了新的发展阶段。Contoso 正是过去中国经济迅速发展的一个缩影。从 20 世纪 90 年代开始，Contoso 在代工过程中迅速建立起了标准化的生产线，通过对生产流程的不断优化，Contoso 凭着质优价廉的特点迅速获取了相当的出口份额。随着国内的消费升级，Contoso 也通过代理商的形式建立了庞大的销售网络，具有一定的市场影响力。

繁荣的背后充满了挑战。在工业产品方面，公司对最终用户的需求极其不了解，以借鉴市场同类产品为主的功能设计开始在竞争中显得滞后；在生产上，生产线的员工开始逐渐短缺，人力成本逐年上升；在家用产品市场上，市场与销售缺乏有效的客户信息，销售队伍疲于奔命，虽然开辟了电商渠道，但是电商与线下渠道冲突严重。Contoso 尝试开设了直营门店，由于直营门店更加重视销售人员的培训与激励，所以销售人员为用户提供了更好的到店体验。然而考虑与经销商的合作关系，大部分门店仍然是经销商的门店。客户的售后满意度极低，日常的运营管理几乎以手工报表为主。

Contoso 的管理层坚信，今天面临的技术和商业条件与 Contoso 过去的发展环境不同，企业必须通过数字化转型获得新的发展。然而，管理层的疑问在于应该如何开展数字化转型。企业的中层管理人员、一线员工大部分认为转型就是为了降低成本，甚至有可能影响自己未来的工作，因此对转型持有消极的态度。

下面将结合转型的方法与若干案例来介绍如何开展转型。

一、梦想：构建数字化转型愿景

伟大的公司都有一个伟大的愿景。愿景是一个公司的目标陈述，是对企业核心价值观和对未来的长期的展望，这个愿景指引着企业的未来目标，是企业存在的意义。例如，微软曾经的愿景是让每个书桌上都有一台计算机。在20世纪80年代来看，这个愿景几乎很难实现。这个愿景一直指引着微软不断地进步，25年以后，这个愿景成为了现实。

梦想阶段就是要确立企业数字化转型的愿景。通过对行业趋势的洞察，分析企业自身的情况，提出若干设想。这些设想建立在新技术应用的基础上，充分构想理想的业务场景，对业务场景的内容与细节展开探索，评估场景对业务带来的影响与价值。为了让企业内部不同部门的相关人员迅速理解这些场景，可以通过图形化的方式描述期望中的解决方案和概念架构，如图2.2所示。将这个阶段产生的输出汇总在一起描绘出数字化转型的未来愿景，称为数字化转型梦之书。

（一）趋势与洞察

如前面所述，引发数字化转型不仅包括技术驱动转变，还包括社会、商业等多重因素的变化。只有把眼光从当前具体的业务模式、内部流程中抽出来，展望未来商业环境的变化，才有可能找到

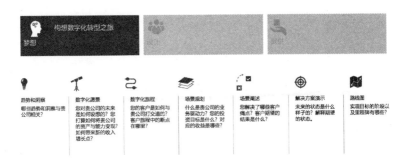

图 2.2　构想数字化转型之旅

新的业务增长点,甚至颠覆现有商业模式并取得爆炸式增长。所以,在考虑发展趋势的时候,需要从社会与技术两个方面考虑企业面临的未来环境与发展可能,建立自己的竞争雷达图;其次,考虑企业所在的行业以及相关的行业发展趋势,包括企业目前的业务、优势产品以及未来的业务分别是什么。通过大胆的提问与设想,找到数字化热点和数字化转型的方向。

这里,我们将引用一份 DHL 公司的研究团队制作的物流行业未来趋势与洞察分析。限于本书的篇幅,下面将重点介绍分析报告中的竞争雷达图,如图 2.3 所示。这份报告的原文下载地址可以在附录中找到。

图 2.3 从商业与技术和重要程度、相关程度这三个维度很好地展现了每一个未来可能影响企业发展的因素:

- 商业与技术。社会与商业的因素都标记在虚线的左边,技术趋势标记在右边。
- 颠覆与改良。在两个扇形区域,越靠近中央虚线一侧表示这样的因素可能会创造颠覆性的业务模式,而远离虚线的一侧表示这个因素带来的是更多增量的业务机会。

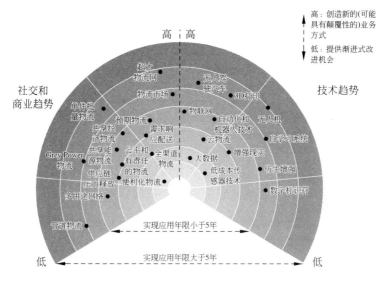

图 2.3 竞争趋势雷达图示例

- 相关度。越靠近中心点,则表示可能在越短的时间里产生影响。

所以,贴近虚线、靠近圆心的影响因素将是至关重要的。在社会与商业方面,DHL 公司认识到全渠道物流将成为重要且将在短期内影响到企业发展的重要因素。电子商务的发展对物流带来了深远的影响,购物者的体验已经远远不仅包括在网上选择商品,也包括对物流的一系列要求。物流作为零售业的支撑,需要满足线上和线下零售的需求,提供对应的全渠道解决方案,实现具有个性化、动态交付选项的服务,完成具有竞争力价格水平的递送。在技术方面,大数据被放在首要的影响位置。随着全球物流件数的急剧攀升,大数据已经开始进入物流行业。除了提高能力规划和车辆路线优化等领域的效率,根据各种数据来源若在未来充分利用大数据分析，可能得到激动人心的新方法，实现数据驱动的运营和商业模式。其他的因素在这里不再一一赘述。

综合考虑了各种因素以后，可以想象：在未来的某一天，物流分拣采用机器人，包裹运输采用自动驾驶技术，一线员工的数量大幅减少，物流公司的核心能力变成全面数据处理、调度与规划，物流公司不再是劳动密集型的企业，而将转型成为一个数字型公司。

通过这个例子，希望企业管理者认识到：

- 数字化转型并非赶时髦式的新技术试点，首先需要进行的是战略的思考，即对企业未来发展方向、潜在竞争因素、技术驱动力的综合思考。
- 考虑未来发展的时候，需要充分考虑上下游行业、企业综合环境，从大处入手，不要把眼光仅停留在内部的流程优化与成本优化。
- 技术因素带来的影响将不仅仅能满足当前或者未来短期的业务需要，还可能带来颠覆性的业务类型。

进行趋势分析、行业洞察的方法有很多。除了雷达图，也可以通过其他方式来汇总分析的成果。现在把目光重新回到样例公司Contoso。从宏观、行业以及企业特点进行了研究后，社会因素、技术因素对商业的影响分别如表2.1和表2.2所示。

表2.1 社会因素对商业的影响

影响因素	影响大小	周期/年	描述
城市化	高	小于5	随着国内城市化进程的推进，对家用电器的需求会进一步提升，新兴市场存在大量的机会

续表

影响因素	影响大小	周期/年	描述
按需制造	中	小于5	小批量、高度个性化的产品将在流水线完成组装,工厂规模越来越小,交付周期将缩至最短,可以根据用户个性化需求进行定制
绿色制造	高	小于5	产品从设计、制造、包装、运输、使用到报废处理的整个产品生命周期中,对环境的影响(副作用)最小,资源利用率最高,并使企业经济效益和社会效益协调优化
环境保护	高	小于5	环境保护的要求日益严格,对环保治理、环境保护的需求将增加,环保产品将有进一步的升级需求

表2.2 技术因素对商业的影响

影响因素	影响大小	周期/年	描述
物联网	高	小于5	物联网赋予智能制造设备相互沟通、事件驱动的功能。机械制造行业将通过物联网的应用改变设备运行模式与服务模式
混合现实	低	大于5	模糊数字和物理世界之间的界限,混合现实技术将为设计过程提供新的视角,通过结合混合现实技术,将提升设备设计过程的效率
3D打印	中	大于5	3D打印是一项颠覆性技术,随着3D打印技术的发展与成本下降,局部小批量的制作将通过3D打印的方式实现,需要考虑到机械设备与3D技术的无缝结合

在对社会商业和技术趋势进行了分析以后,企业可以对数字化转型未来的大环境有清楚的认识,明确未来的发展方向。对Contoso结合自身产品进行了分析后,发现企业环保相关的产品销售在过去的几年内一直持续增长,结合环保方面的未来市场,Contoso希望在这个方向上进行尝试。那么,如何开展接下来的工作呢?

(二)构想数字化愿景

在完成了趋势与洞察后,接下来将进行的是构想数字化的愿景。数字化愿景可能带来一个全新的业务模式,也可能描述现场场景的优化与革新。数字化愿景常常可以通过一系列的"假如"来提出。例如在零售行业,可以提出如下愿景:

- 假设可以在商店和网上为客户提供无缝的个性化体验。
- 假设能够了解客户的需求并在合适的时间提供合适的产品。
- 假设销售人员花更多时间在客户身上,提供个性化的协助和激励机制,进而增加销量。
- 假设可以预测需求并有效调度员工。
- 假设可以优化业务运营,减少浪费。
- 假设可以优化运营,并让员工做出更好的决策。

在制造行业,可能有如下愿景:

- 假设可以搜集有关产品使用情况的信息且与开发团队携手改进产品和创新。
- 假设可以抢先一步满足用户的维护需求,确定更新设备的最佳时间和流程。

- 假设可以增加整个业务运营中的信息流,并使合作伙伴与业务流程同步,全面提升供应链的运作效能,并使得合作伙伴的业绩也有所提升。

在银行业,可能有如下愿景:

- 假设客户可以畅享无缝体验,随时与银行开展业务,获得全方位服务而银行的成本并不会大幅增加。
- 假设具有360°全方位客户视图,可以从中主动辨别客户的现行产品服务需求,可以随时与同事开展协作。
- 假设可以用数据洞察能力更有效地管理市场、信用和运营风险。
- 假设可以根据数据资产开创一种新的业务收入。

上面是从行业的角度进行的愿景设想。在企业内部的不同职能部门,也可以类似地进行设想。例如,在赋能员工方面,可能提出如下愿景:

- 假如员工能跨界合作,随心所欲地探索,提供优秀的服务,并有一个灵活的工作环境,提高他们的生产力。
- 假如员工能够找到更有效率的方法,提高绩效,做出有见地的决定。
- 假如所有的员工都能参与开发创新产品,让客户满意,扩大业务范围并创造新的收入来源。

对企业的运营官,则可能有如下愿景:

- 假如能通过所有数字化渠道提供个性化、一致和智能的客户自助服务来驱动客户满意度。
- 假如能最大化企业外勤力量的生产力,同时能使现场服务团队协作并快速响应客户的需求。

- 假如对业务部门有业务洞察力,可以最大限度地减少中断、改进决策和提高效率。
- 假如更好地了解客户是如何使用公司的产品,并可以应用洞察客户情绪和市场动态,以便开发和改进产品。

上述的愿景只是基于行业发展趋势一些通用的愿景。每个企业在构思自己的愿景时可以结合趋势洞察、自身业务优势等各方面,从密切客户沟通、予力赋能员工、优化业务运营以及转型产品服务这四个方面提出具体的、明确的愿景。

Contoso 分析了企业的优势与未来社会和技术发展的趋势,认为在环保行业将有很大的潜在机会。随着城市化的进展,垃圾处理的需求变得越来越重要。在城市的小区里,从家庭垃圾的处理到居民小区的垃圾收集、清运流程非常低效,而 Contoso 在特种机械的生产制造、家庭垃圾处理设备上有一定的积累,如果在这个领域有所突破,将可能创造公司新的业务来源。业务部门在调研了国内外行业发展趋势、研究了相关行业(如生物发电、电力调度等技术)以后,提出这样的大胆愿景:

- 假如可以利用生物技术将城市小区的垃圾处理站变为发电站,以更清洁的方式处理垃圾,通过在前端的垃圾自动分类,降低垃圾的清运成本。
- 假如能帮助服务的家庭快速实现废旧物品回收,方便地处理家庭垃圾。

这里需要说明的是,在编写本书时,我们没有在公开资料中找到企业在研究或生产类似的产品,也没有真正对生物发电技术进行过相关的研究。也许从今天的技术专业的眼光来看,这样的愿景尚无实现的基础,但是我们希望通过这样的例子对数字化转型的方法进行形象的说明；另一方面，也会在后续介绍"设计思维"以及"包容性设计"的环节用到这两个愿景。当然，我们也不妨抱着成长型思维来对待这样的想法，也许随着技术的发展会看到更完美的解决城市环保的方案。

对照第一章～第三章中数字化转型策略可以注意到，Contoso这样的愿景将为企业带来长期的、全新的业务价值，在数字化转型中属于"高期望"的转型目标。除了新的业务价值，企业同样应该关注当前业务，对现状进行思考。数字化价值如图2.4所示。

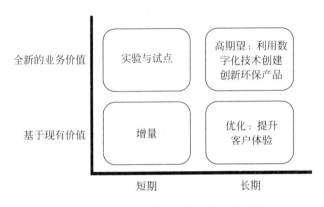

图 2.4　Contoso 的数字化转型价值来源

Contoso认真地思考了国内市场的销售模式后，认为在密切客户沟通这个领域，销售渠道依赖于经销商已经从快速拓展业务的有利因素变成了制约因素，这种松散的模式导致了无法建立与消费者的真正联系，经销商销售人员的水平对销量以及品牌形象有可能带来不利影响。所以，在密切客户沟通这个领域，Contoso 提出的愿景是：

- 假设客户在经销商门店能享受到与直营门店相同高质量的服务体验。

- 假设无论何种购买渠道,客户都能方便地获得产品使用指导以及售后服务。

这样的目标针对了现有的价值,是属于增量型、优化型的目标。这样的愿景将如何在 Contoso 实现呢？接下来继续通过数字化旅程的构建来将愿景转化为业务场景。

(三) 数字化旅程

数字化旅程是企业与用户、员工与合作伙伴交互过程中的再次思考。

对客户,企业需要全面地思考如何为客户带来统一的线上、线下的体验。很多企业在过往的实践中,不同的部门可能都做出了不同数字化努力,获得局部优化的同时带来了割裂的体验。例如,如果市场部门线上推广与线下门店的优惠不一致,则会给用户带来困惑；用户的订单与资料不能及时从销售部门传送到售后部门,客户购买到产品的喜悦感可能立刻就会被糟糕的售后体验冲得一干二净。数字化旅程的设计需要注意以下四点：

(1) 数字化旅程的设计是跨部门的努力

目标就是要从用户认知品牌的阶段就开始,一直到用户成为产品忠实的宣传者这个全流程提供无缝的数字化体验。

(2) 数字化旅程中包括不可割裂的线上与线下体验

线上和线下各有优势,对于用户而言,线上可以高效地进行信息探索与交流,而线下将会带来用户感官的直接体验,二者的无缝结合会推动用户作出最后的决定。

(3) 数字化旅程的设计是在探寻数字化热点

重新审视、设计数字化旅程的过程包括线上触点的设计,也包括线下体验的优化。在整个过程中企业可以确定若干的数字化热点,将以前低效的流程用高效的流程替代,采用数字化的手段进行信息的收集,为后续的分析打好基础。

(4)数字化旅程是用户理解产品的过程

数字化旅程为用户提供了一个从远到近了解产品的过程,最终用户决定购买的原因是产品的某个特性或定位契合了用户的全部或部分的需求。数字化旅程就是逐渐理解用户的需求并让用户认可产品的过程。

例如,在构想数字化愿景的章节中,在密切客户沟通的方向提出的愿景是:假设可以在商店和网上为客户提供无缝的个性化体验。

为了让这样的愿景更加接近现实,可以通过下面的客户数字化旅程(如图 2.5 所示)构想出如何通过"全渠道体验"为客户提供线上与线下的无缝沟通。

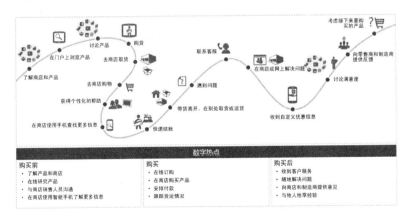

图 2.5　全渠道数字化旅程及数字化热点

这样的数字化旅程勾勒出了用户在购买商品过程中的主线。在数字化旅程的构想中，需要关注的是抓住旅程的主线及数字化热点。在这个阶段不需要过多地考虑技术实现细节，而是站在"全旅程"的角度对愿景的实现予以描述。

数字化旅程并不只是用于客户沟通等交互方面，数字化旅程也可以用于思考企业的业务线。图2.6所示是企业制造的数字化旅程。在这样的旅程中，将整个生产流程分为进货、出货、仓储及生产执行。

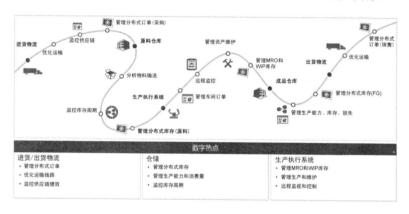

图2.6　企业制造的数字化旅程

在这个生产制造的过程中，可以将企业产品生产的过程从原材料的进货物流开始一直考虑到销售运输，这样的流程跨越了不同的业务部门。在描绘数字化旅程的过程中，往往会通过与不同部门的合作和构思来明确当前流程中的数字化热点，为下面的场景规划做好准备。

（四）场景规划

数字化愿景可以展开为多个数字化旅程，进而可以展开成为数十个场景。然而在展开所有的场景以前,需要对可能的场景进行规划,以确保场景的展开与当前的业务关注领域相关,也为制定转型蓝图提供最基本的业务框架。

在进行场景规划时,将关注企业业务的驱动因素、关注领域以及对应的业务优势。以 Contoso 现有的业务来看,国际市场的驱动因素在继续扩展国际市场,在国内的驱动力来自于协调线上线下的关系等。为了更好地将这些驱动因素转换为业务优势,管理层确定了如经销商管理、个性化产品生产等多个业务优势,最终成为具体的输出。

图 2.7 描述了 Contoso 对于现有业务的思考。

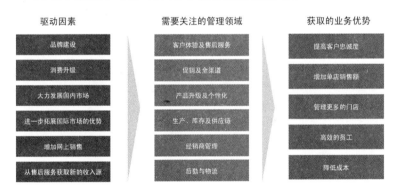

图 2.7 业务驱动因素、关注领域以及业务优势分析

由于企业的行业、业务、环境甚至地区不尽相同,驱动因素、关注领域以及期望的业务优势也会各有变化。场景规划为下一步的场景描述建立了框架,避免数字化愿景的展开背离了企业现有的战略。在进行了场景规划以后,接下来开始对数字化旅程中的场景进行展开,并将其纳入到场景规划的框架之中。

（五）场景描述

场景描述对数字化旅程进行分析，明确旅程中的问题，按照企业场景做出详细分解。在分解的过程中，可以按照不同部门和不同角色，同时兼顾到当前场景下的痛点以及希望解决的问题来分解。表 2.3 继续以"全渠道体验"为例，描述如何展开旅程中涉及的场景。

表 2.3　客户体验分析

现在的问题	理想的状态
• 客户很难将他在网上看到的产品信息与店里的信息关联起来 • 客户难以在不同的购物体验之间转换 • 客户等待支付的时间过长，无法迅速完成交易	• 在商店或网站购物时，客户拥有他需要的信息、指导和个性化服务 • 在客户访问商店时可以使用数字设备增强其购物体验：更多地了解产品，与专家交流，浏览，评论查看动态的定制服务并就要购买的下一个产品获得提示 • 客户可以在线订购货物并去商店取货，从而创造更多的销售机会。客户享受在这里的购物体验，常回头光顾
需要考虑的关键点： • 完善品牌的数字营销 • 能够以新方式实时接触到消费者 • 将用户参与度转化为购买力 • 跨所有渠道提供一致的品牌体验	

在明确了场景需要解决的问题以后，可以通过场景描述卡来具体分析用户视角的全渠道体验，如表 2.4 所示。

表 2.4 客户的全渠道体验描述与分析

目标	客户可以使用许多渠道与零售商进行互动，并且在一个渠道开始交易，在另一个渠道完成交易
实现	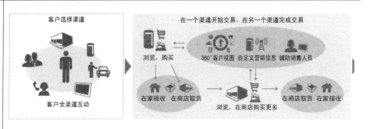
分析	实现的前提条件： • 汇总通过多个渠道获得的客户信息 • 为客户了解和选择产品服务提供便捷的方式 • 使用客户分析给予最相关的产品和服务 影响用户体验的因素： • 在各渠道采用不一致的定价战略 • 限制客户随时购物 • 效率低下地访问客户信息 后续的价值： • 随时提供零售服务 • 通过任何渠道为客户提供服务 • 增加产品和服务的销量 • 提高客户满意度和忠诚度

为了能让所有内部的各相关部门明白这样的数字化旅程对目前工作流程和系统带来的影响，接下来可以用概念架构图来进一步描述用户体验与数字化平台的关系，如图 2.8 所示。这里的数字化平台可能包括现有的系统，也可能包括将来需要建设的平台。在这部分，不会在技术实现细节上花费过多的时间，而是关注在架构的逻辑概念上。

图 2.8　全渠道概念架构图

图 2.8 描述了市场营销部门、销售与支持部门是如何通过一个统一的平台获取到客户的 360°视图并在不同的渠道为用户提供一致的体验。

当把所有的业务场景都按上面的方法一一展开,企业的数字化愿景就被形象地描述出来,包括需要实现的业务目标、客户旅程和转型场景。为了帮助企业开启数字化转型之路,下面将从业务关注领域的角度将场景中涉及的项目予以总体的考虑,划分项目阶段,明确每个阶段的业务影响。

(六)阶段分解与数字化转型梦之书

在场景描述中可能规划出数个相关的场景。以上文中"全渠道体验"为例,在其他的场景分析中,可能都有涉及客户的场景,如售后服务系统、个性化定制系统、经销商管理系统等。这些系统之间具有相互的依赖性。这时需要结合现有的系统、业务关注领域对场景中涉及的项目进行分析、合并和规划,制定出项目的阶段性目标,明确对应的商业价值。

为了降低未来的转型投入成本,确保转型顺利开展,在制定这个路线图时需要对现有系统有一定的了解,这个路线图不是指IT系统的路线图,而是将相关的业务场景合并以后的业务路线图。这样的路线图描述了在场景规划的框架下如何协调内部各个部门的数字化目标,从业务的角度推进数字化旅程落地。

以前面提到的密切客户沟通为例,在对所有相关的数字化旅程进行梳理以后,可以规划出三个阶段,如表2.5所示。

表2.5 密切客户沟通数字化旅程的三个阶段

阶 段	业 务 目 标
阶段1:与其他渠道的集成 • 确定客户的旅程、架构和差距(当前/未来状态) • 弥补现实和数字体验之间的差距 • 支持跨通道、一致的购买体验	• 改善客户体验 • 提高客户满意度 • 降低运营成本
阶段2:专业化商务平台 • 市场活动管理、市场营销、内容管理 • 订单管理 • 定价和促销	• 更好地连接零售商和客户 • 改进业务洞察力和工作流程 • 增加销售额
阶段3:以客户为中心的组织 • 支持准确的客户分析、个性化 • 关注客户体验 • 利用以客户为中心的手段来驱动一线收入和建立忠诚度	• 改进风险管理 • 降低运营成本 • 改进法规遵从性

通过制定愿景、设想场景和价值分析,已经对企业的数字化转型有了一个清楚的未来设想,这样的设想将成为企业转型的梦之书。未来已经展开,转型之路就在脚下。下面对未来的落地蓝图进行规划,确保转型的实际落地。

二、规划：制定数字化转型路线图

完成了数字化愿景的构想以后，企业需要从多方面构建数字化转型蓝图，推进转型的落地。首先，进一步论证业务场景，通过快速原型评估业务场景中涉及的人、技术和商业因素，论证业务价值。其次，对企业的数字化成熟度现状做出诊断，结合最佳实践与将来业务场景，明确转型的重点方向。最后，准备实施转型的数字化团队，开始着手变革管理，结合企业的人员、组织结构考虑如何推进。最终，结合上述的因素，明确数字化转型的投入方向、项目实施的路线图。数字化转型规划如图2.9所示。

图2.9 数字化转型规划

- 数字化转型团队：业务和技术团队参与者有哪些？如何让这个团队的成员们合作来实现期望的转型结果？
- 快速场景化和原型：如何测试想法和假设？体验看起来会是什么样子的？客户的反应如何？公司需要改变什么？
- 价值建模：详细的业务论证是什么？根据原型的反馈，推断出带来的业务价值改变是多少？

- 数字化成熟度模型评估：企业目前有哪些数字化能力？又有哪些限制？
- 变革管理计划和项目路线图：如何预测和解决挑战？如何在整个组织中推动变革并管理风险、治理、合规和数字化的普及？

（一）数字化转型团队

有了数字化转型的梦之书以后，企业需要建立一支数字化转型团队来推动转型的进行。数字化转型团队是一个特殊单位，担负着建立新兴技术技能和方法的责任，同时也是一个创新单位，确定新技术和实践会如何改变业务，让事务性系统有更好的决策，快速响应其操作的变化。对外，这个部门需要建立与关键供应商的合作伙伴关系，解决大型项目中需要高级技术与信息技术的能力。同时，这也是一个共享数字部门，为整个公司的数字化主动提供能力和支持。例如，一个公司可能在设计、市场营销和客户服务部门都进行了单独的倡议，这个部门可以确保其所有的数字化工作加强协调。

建立数字化团队有两种形式，一种是建立一个集权的单位，这个部门承担着企业数字化的使命，必须有一套透明的指标和KPI进行衡量。另外一种是通过分散组织创建一个中央数字单位来协调和协助建立数字业务。随着首席执行官越来越倾向将数字化转型放到工作的首要位置后，很多企业开始设立"首席数字官"（CDO）的角色来驱动数字化转型的工作。数字化转型团队不仅仅是设立一个CDO，还将包括一个虚拟的团队，包括市场、产品和IT等部门参与。数字化转型团队需要关注的工作主要包括：

- 价值管理。明确数字化项目的价值评估和路线图,跟踪、管理项目实施带来的影响。
- 创新管理。预测未来技术的发展趋势,在企业内部推动创新,建立企业与外部创新的合作关系。
- 变革管理。推动内部的变革管理,确保数字化项目成功落地。

可以清楚地看到,IT 职能在数字化转型过程中也在转变。传统上对 IT 部门的考核在于有没有成功实施一个大型 IT 项目、基础架构服务可靠性、成本降低比例等指标。当 IT 成为数字化转型团队的重要组成部分以后,则会考察是否帮助企业来增长销售收入或增长利润,是否能通过创新为企业的商业模式转变带来贡献,是否通过转型使企业业务更加敏捷等方面。

(二)场景化与原型

数字化团队的重要使命是将各业务愿景进一步场景化,从各个参与方的体验出发,对流程中涉及的各方面内容进行验证,如图 2.10 所示。这里的原型并非是 IT 意义上的技术验证,而是综合了所有利益相关者体验、业务目标与技术多方面的考虑。通过一系列的验证,将"梦想"阶段的输入转化为进一步的业务优先级方案等设计实现的内容。

在考虑场景化与业务原型时常常借助设计思维的方法。当说起设计思维(Design Thinking),就不得不提到斯坦福大学。斯坦福大学拥有这个世界上公认的非常著名的一个设计学院:Stanford d. School——d. School 不是一个独立的学院,它没有毕业生,是为整个斯坦福大学其他院系的学生提供一种叫作"设计思

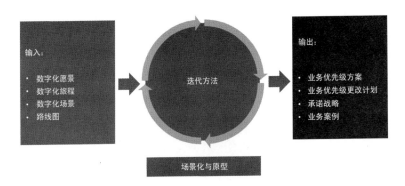

图 2.10　通过迭代的方式进行场景化与原型

维"的课程。d. School 有这么一句话描述自己的使命：

We believe everyone has the capacity to be creative! The Stanford d. School is a place where people use design to develop their own creative potential.（我们相信每个人都有创造力！斯坦福大学 d. school 是一个人们使用设计来发展自己的创造潜力的地方。）

关于 d. school 以及设计思维的发展由来，有兴趣的读者可以通过附录中的相关资料来学习。在这里更多地谈一谈设计思维在数字化转型中的应用。

设计思维是一种思考问题的方法论，用于寻求未来改进结果的问题或富有创造性的解决方案。设计思维关注的是解决方案为导向的思维形式，是从目标或者要达成的成果着手，通过对未来的关注，同时探索人、技术和商业等问题的多个方面。

设计思维是一种创新的工具，以商业成功、技术可能性和人的需求这三大要素为主要目标（如图 2.11 所示），以用户情感的创新、产品功能的创新和业务流程的创新为主要方向，三大要素、三个方向密切结合,推动企业顺利实现数字化转型,应对转型路上的各种挑战,最终成功到达彼岸,为用户塑造创新型体验。

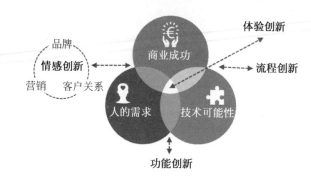

图 2.11 设计思维的三要素

设计思维与通常思维的不同点如图 2.12 所示。

图 2.12 设计思维的演变

在数字化转型的过程中,也可以借用设计思维的五步对场景进行进一步的具体化和原型化,从而为场景的实现打下基础。

第一,采取以人为本的设计流程,运用同理心去理解客户的需求、愿景和目标。通过观察客户的工作流程和实际情况,进行深入的交流和讨论,理解客户的实际想法,设身处地体验客户所希望体验的业务成果,借此全面理解客户的需求。

第二,将重心聚焦于对客户业务的理解,并通过发散式思维从中找出重点。基于对用户和设计领域的深入理解,将用户、需求和洞察结合,借此定义自己的观点并形成最初步的目标。

第三,有了观点和目标后,通过头脑风暴等方式构想具体的实现方法。对于这种活动,尽量采取数量尽可能多和多样化的原则,毕竟只有这样才能得出最全面的结论。

第四,有了明确的方法后,则需要通过制作这个环节将方法和创意落实,如制作原型。具体情况不同,则原型的实际形态可能各异,如便利贴墙、角色扮演活动、故事板,甚至某种物体实体。为了尽可能发掘各种可能性,用非常快速的方式制作简单的原型,以便于进行不断的完善和迭代。

最后,通过检验环节进一步验证以上各环节获得的成果,例如借此机会让用户进行体验,并根据所收集的反馈进一步改进,直到获得最终的成果。

通过围绕企业自身、所在行业和企业目标客户三方进行全方位研究,结合业务、技术和体验三方面的新颖设计,不断迭代的场景模型、产品和服务原型以及设计成果,从而实现数字化转型的规划内容。

接下来回到 Contoso 的数字化愿景:

- 假如可以利用生物技术将城市小区的垃圾处理站变为发电站,以更清洁的方式处理垃圾,通过在前端的垃圾自动分类,降低垃圾的清运成本。

- 假如能帮助家庭快速实现废旧物品回收,方便地处理家庭垃圾。

在经过了数字化旅程设计、场景规划以后,Contoso团队将重点放在了两个场景:小区环卫的集中处理和家庭环境卫生的处理。

Contoso的团队开始设想:有没有可能从家庭的源头出发,将现有的家庭清洁设备做一些改造,创造出一种颠覆性的产品,满足家庭环境卫生的要求。接下来试着从人、技术和商业三个方面进行一些思考,帮助对设计思维有进一步的了解。

首先从用户的同理心出发,重新思考家庭环境卫生的需求。用户的痛点是什么?Contoso组织团队组织了用户的访谈,常规的用户调查往往通过大量的问卷调查形式,通过一系列事先设计的问卷并统计数据对猜想进行验证。在设计思维的用户调查过程中,采用了减少样本数量,加强用户调研深度的方式,通过长时间对用户的观察和深度访谈,理解用户在现有使用情况中的需求。在访谈设计中,Contoso选择了三类家庭作为访谈对象:90后单独生活的年轻人、70后的典型三口之家以及三代同堂的大家庭。经过与用户长时间的深度探讨,团队重新集中了用户痛点,包括下面的问题:

- 废旧物品回收不知道联系谁。
- 积累到一批废旧物品再回收过程很长,很麻烦。
- 夏天可能会产生异味,可能会引来家庭有害生物。
- 到小区的集中点不方便。
- 了解垃圾分类,但是不知道如何进行分类。
- 容器自身的清洁问题。

团队经过头脑风暴,确定了两个想法:

- 让家庭垃圾桶具有杀灭生物害虫的功能。
- 在城市小区设立自动化废旧物资回收站,用户可以用"零存整取"的方式,随时将废旧物品"存到"回收点,积累到一定金额后再统一付给用户。

在技术方面,团队需要从技术的可行性进行思考:在"同理心"环节产生的想法是不是具备技术的可行性?以及如何实现?

假如垃圾桶具有杀虫的功能,那么:

- 如何探测到有害生物?
- 采用药物的方式,还是采用电子的方式?
- 如果采用电子的方式,将如何解决供电的问题?
- 如果采用药物的方式,药品的来源如何解决?如何投药?如何确保安全?

电子杀灭生物害虫的方式在国外已经早有探索。在 2011 年,微软前工程师 Nathan Myhrvold 设立的创意公司 Intellectual Ventures Laboratory 公布了一项任性的发明:用激光打蚊子。采用微型激光炮,全自动击发,能在 30m 范围内消灭蚊虫。这个看起来是一个任性的发明在 2008 年就获得了盖茨和梅琳达·比尔基金会的投资,通过消灭蚊子的传播途径来在落后地区遏制疟疾的传播。2018 年的汉诺威工业展中,德国拜耳(Bayer)的环境科学业务部正在对沿用了几十年的捕鼠装置进行数字化转型,新型的智能数字捕鼠器借助 Azure 物联网平台加入了远程监控功能。这套方案能够从安装在每一个捕鼠器上的传感器中收集信息,在捕捉到老鼠时会立刻通知有害动物管制专家前来处理。在有效控制鼠害蔓延的同时,此举也有助于提升管制体系的运行效率。

对于第二个想法，团队同样需要从技术上思考的问题包括：
- 如何识别用户？可以采用手机应用识别，也可以通过人脸识别等技术让用户更快捷地保存废旧物资。
- 如何识别废旧物资？可以采用金属探测、传感技术辅助计算机视觉技术来实现。
- 如何感知到前端的存储需要进行集中处理？可以采用物联网技术。
- 设备的供电、自身安全、占地尺寸问题。

在商业方面，团队也同样需要考虑：
- 城市小区是否愿意进行合作放置这样的设备。
- 设备的投入产出比是多少。
- 设备的运营成本。
- 如何管理运营团队、保证一线人员的配比与效率。

上面的过程是设计思维通过同理心对问题的深入探究，在思考过程中有可能产生跨界的想法与解决方案。在接下来的阶段，团队需要继续明确问题的定义，设想解决方案，甚至通过快速原型进行验证。在斯坦福 d.school 对设计思维的思考中，介绍了让参加者对钱包进行创新的例子。在原型测试的时候，参与者可以使用纸张等物品快速地建立原型对想法进行验证，在数字化转型的规划过程中，可以通过敏捷开发方式快速建立原型对数字化产品进行验证。

本节花了比较长的篇幅对设计思维在数字化转型规划中的应用进行了介绍，希望读者能认识到数字化转型需要文化转型、战略制定，并一直推进到场景规划和技术落地。在这个过程中需要兼顾人、技术、商业的因素，这也正是数字化转型不同于单纯的技术应用和业务转型的地方，是需要紧密地结合企业业务与技术两个维度，从现有业务价值和未来业务价值考虑，保持企业在数字化时代持续领先的重要行动。

利用迭代的方式，不断使用设计思维对业务场景做出进一步细化，从而对实现项目所需要的技术、商业两个方面有更深入的认识，明确业务场景落地所需要的工作，从而制定出业务的优先级和业务开展的实施计划。

（三）价值建模

在对企业的若干业务场景描述完成后，可能得到数十个这样的场景。这些场景都是数字化愿景的具体体现，接下来需要做的是"聚焦"。明确场景之间的优先级、场景之间的相互依赖关系及每个场景的商业价值，只有明确了这些因素以后，才可以制定出短期到中长期的数字化转型路径。

评估转型时可以从两个维度来交叉进行分析。首先，从对客户、业务和IT的价值来判断这样的场景带来的一系列影响；其次，从企业战略、价值实现、收入、成本和风险的角度来进行评估。表2.6列出了全渠道体验为例的部分分析。

（四）数字化成熟度

如果梦想阶段是在展望未来、寻找场景、构想企业未来的发展，那么规划阶段则是立足当下。数字化成熟度的评估是立足当下，对企业的能力与业界最佳实践进行比较，全面地评估企业进行数字化转型的突破点。将提高当前数字化水平领域的行动与获得未来发展的行动相结合，就可以制定出完整的企业数字化转型蓝图。

表 2.6 全渠道体验中的部分分析

类别	对于客户的价值	对于业务领导者的价值	对于 IT 领导者的价值
企业战略	• 拥有最优惠的价格选择 • 购物方便	• 提高品牌知名度和回想 • 提高客户参与度和忠诚度 • 增加跨境机会 • 提高净推荐值	• 增加技术创新 • 改善渠道整合 • 跨系统改善数据标准化
价值实现	• 缩短决策时间 • 缩短新产品购买时间	• 缩短进入新地域市场的时间 • 缩短库存管理时间 • 缩短提高销售效率的时间 • 加快新产品上市速度	• IT 价值与价值实现之间的协同，创造更多价值 • 客户与降低风险，节与搜寻时间 • 对于 IT 领导者，降低风险；避免出现数据孤岛
提高收入	• 降低产品/服务成本 • 经过优化/无交易费用	增加交叉销售/追加销售	降低多渠道基础结构成本和复杂性
降低成本	• 提高客户满意度 • 增加合作伴侣促销活动和折扣	• 降低资本支出 • 缩短客服解决周期 • 降低客户获取成本	• 以较低的价值提供自助服务技术 • 降低数据分析成本
降低风险		• 提高客户转化率（通过各种数据点） • 找出不满意的地方	

按照微软数字化转型框架的四大方向,数字化成熟度的评估也从四个方面展开:密切客户沟通、予力赋能员工、优化业务运营和转型产品服务。在每个方向下继续按照不同的业务领域展开使能领域,如图2.13所示。其中T1到T4表示在每个领域下不同评估项目的成熟度,分别为:滞后的、适中的、成熟的、最佳实践的。

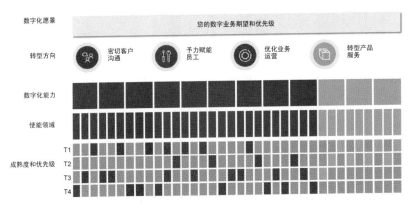

图2.13 数字化成熟度评估框架示例

表2.7以予力赋能员工领域为例,从微软的数字化成熟度模型中挑选出一些评估指标进行了说明。

表2.7 数字化成熟度模型的部分评估指标

使 能 领 域	包 括 范 围
数字人才管理与发展	利用数字工具招聘、管理和发展一流人才
移动办公	为员工提供随时随地连接的能力
生产率和协作	为员工提供成功履行职责所需的信息、知识和工具
技术支持的员工参与	利用数字工具促进员工参与创建双向反馈渠道

在每个使能领域进行具体评估的时候会细化为若干评估项目,以"数字化人才管理与发展"使能领域为例,可以具体分为以下若干评估项目,如表2.8所示。

表2.8 "数字化人才管理与发展"使能领域的数字化成熟度评估模型

使能领域	评估项目	数字化成熟度		
		滞后的	适中的	成熟的	最佳实践的
数字化人才管理与发展	数字化招聘	不使用联机数据或数字工具招聘	使用数字渠道和工具招聘(如社交媒体页面,用于张贴招聘广告和吸引人才)	广泛使用在线数据和数字工具来识别和招聘人才(例如,在社会和劳动力市场合上发布求职简介,为寻找新机会的合格候选人创造量身定制的职位)	• 社交媒体、在线和移动渠道等招聘方式在整体招聘策略中发挥积极作用 • 前瞻性招聘:关键角色的顶级候选者列表可由数据给出 • 预测成功标记;通过对当前明星员工的特征识别与应用构建招聘通道
	自服务	员工只能通过电子邮件或电话联系HR	员工在企业网络中可以访问个人福利信息和Web门户上的其他HR数据	员工在企业网络中可以访问他们的个人福利信息和Web门户上其他HR数据或通过其他数字渠道(如移动电话)访问HR数据	• 鼓励和允许员工自上传和管理其配置文件 • 员工可以安全的方式访问个人福利信息和其他数字渠道,可在多个数字渠道HR(在线、移动等)随时随地访问

086

在微软的数字化成熟度评估模型中对每一个评估项目都有具体的描述,与现状对比以后可以很容易地得到目前企业的数字化成熟度。完成每一个项目评估后,可以看到每一个项目的当前状态以及与理想状态的差距。数字化成熟度评估结果示例如图 2.14 所示。

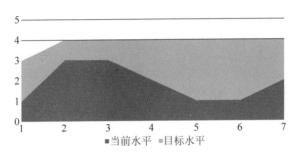

图 2.14　数字化成熟度评估结果示例

当微软的数字化转型团队对 Contoso 进行了评估以后,发现 Contoso 的数字化在企业不同领域非常不平衡。在生产环节,由于已经采用了数字化制造设备,数字化已经趋近成熟阶段;在客户与市场环节,由于长期采用外贸及代理商的方式进行销售,企业在客户沟通方面与行业平均水平有着较大的差距。

在客户沟通的领域,评估通过了几个不同的方面,展现出 Contoso 的当前水平与行业水平的差距,如图 2.15 所示。可以看到,Contoso 在客户的分析和全渠道这两个方面的差距尤其明显。

数字化成熟度是制定数字化转型蓝图的重要输入。通过数字化成熟度评估明确现有业务和流程的数字化热点,找到对应的解决方案,就能够帮助企业实现现有业务的价值优化,从而使企业可以更多地将注意力转向新业务领域。

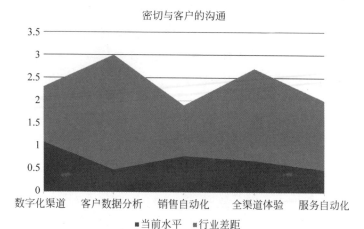

图 2.15　数字化成熟度评估实例

（五）变革管理

如前面章节所言，数字计划转型是涉及企业每一位员工的变革。在进行转型规划的过程中，需要考虑如何让员工主动拥抱转变，而不是被动地接受某些行为的要求。除了文化上的建设，还需要在这个阶段进行变革管理的规划。

变革管理有不同的方法，本书并非专门讨论如何在企业实施中实现变革管理，只是介绍其中的一个方法。Prosci 公司的 ADKAR 变革模型如图 2.16 所示。

ADKAR 模型不只适用于企业中的变革，也反映了个人重大转变的过程。如果使用这个模型来看待电影大片的英雄人物，也可以看到这种转变过程的影子。在企业变革过程中，让整个组织从意识到需要改变到主动强化以维持改变，这个过程可以分为三个阶段：准备变革、管理变革和强化变革，如表 2.9 所示。

	加固以维持变化
强化(Reinforcement)	加固以维持变化
能力(Ability)	具备执行所需技能和行为的能力
知识(Knowledge)	关于如何改变的知识
期望(Desire)	参与和支持变革的愿望
意识(Aware)	认识到改变的必要性

图 2.16 ADKAR 变革模型

表 2.9 组织变革中三个阶段分析

阶 段	目 标	主 要 行 动
准备变革	• 定义管理策略 • 设立变革团队 • 定义激励模型	• 进行准备工作评估 • 执行风险分析 • 预期的阻力区域 • 设计专项战术 • 制定总体战略 • 团队结构 • 准备团队 • 评估赞助
管理变革	• 制订计划 • 跟踪与优化	• 创建计划 • 沟通 • 高层支持 • 教练 • 培训 • 阻力管理 • 集成到项目计划中 • 执行计划
强化变革	• 反馈与分析 • 采取正确的行动进行修正	• 主动收集员工的意见并反馈 • 审计并遵守"做事新方式" • 识别缝隙和阻力区域 • 实施纠正措施 • 庆祝成功 • 开展"新"的行业

变革管理是确保数字化转型顺利推进的重要保障。变革管理与企业文化的转变相辅相成，让数字化转型从领导层的推动变成全员的自发行动，在企业内形成变革"正反馈"，从而不断加速转型的进展。

关于变革管理的更多介绍，可以参考附录中的"变革管理"来学习。

（六）项目路线图

作为规划阶段的最后一步，将综合前面所有步骤，得到数字化转型的路线图。路线图是数字化转型的推进时间表，也反映了项目的业务影响、复杂度以及需要的投资大小。项目的路线图可以用多个表格等形式展现出来，也可以采用热力图的方式来进行。下面以银行业为例，在予力赋能员工这个业务领域分析展现数字化转型项目的路线图，如图 2.17 所示。这张路线图从几个方面体现了项目不同阶段的关系。

- 项目实施阶段（用横坐标表示）：分为短期（0~6 个月）、中期（6~18 个月）、长期（超过 18 个月）三个阶段。与传统大型 IT 项目的实施不同，数字化转型项目是不断迭代优化的过程，在明确了场景的业务价值以后，可以立刻选取一些项目进行快速的尝试。
- 潜在的商业价值（用纵坐标表示）：潜在价值越大的项目放在越高的位置。
- 复杂性（用不同的颜色标记）：项目的复杂性使用不同的颜色标记出来。比较明显的是，潜在商业价值高的项目一般都比较复杂，在实施的时候也需要相对比较长的时间周期。

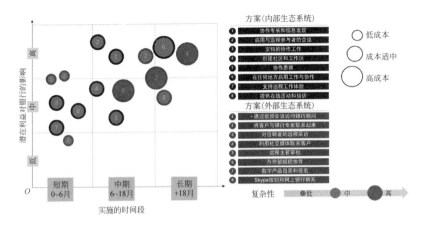

图 2.17　数字化项目规划路线图示例

- 成本(用圆的大小表示)：项目成本越大,可能带来的价值越大。然而,需要寻找的是成本相对小、复杂程度低但是价值大的项目,这种项目拥有相对高的优先级。
- 内部/外部生态系统(用不同颜色圆的外圈来标记)：使用不同的颜色外圈标记出每个项目主要对象是企业内部员工还是外部相关者。

经过规划阶段,项目路线图将数字化转型的场景经过价值评估、快速场景化和原型评估以后转换为企业数字化转型的一系列项目群组。这些项目群组是在对业务价值与技术因子综合考虑后得出的,除了具有明确的场景、范围,还包括实施后带来的业务价值。同时,企业也建立了推进数字化转型所需要的变革管理,在项目推进过程中同时进行组织和文化变革,确保数字化转型的顺利推进。

接下来将介绍如何沿着数字化转型路线图开始数字化转型实践,并实现转型落地。

三、实践

数字化转型的一个精髓在于"大处着想,小处着手"(think big, start small)。在规划阶段可能会制定出多个数字化转型项目的规划,然而这些计划的实践往往采用敏捷的方法,通过迭代的方式进行开发、测试和发布,在这个过程中不断调整、不断优化。在推进项目的同时,持续推进企业内的变革管理,通过推动数字化工作方式的途径,优化内部流程,保证变革的持续进行。当多个项目开展的时候,通过数字化转型管理委员会加强转型治理,对各个项目进行跟踪、监测和报告,关注业务价值的实现,确保持续产生价值。最后,持续关注企业文化的转变,在企业内部推进数字化文化,让每一个员工都具备转型观念,在实践中不断更新数字化愿景,将转型推向更高的水平。

数字化转型实践如图2.18所示,主要包括以下四个方面:

- 敏捷开发。迭代开发、测试和发布。
- 数字化工作方式。在企业内推动数字化的工作方式带来变革。
- 价值交付和管理。在交付时度量、跟踪、监测和报告价值实现。

图2.18 数字化转型实践

- 数字化文化。推动必要的文化变革来实现目标。

（一）敏捷的开发测试与交付

虽然强大的技能至关重要，但企业可以增加速度、灵活性、外部导向和学习能力，在一定程度上弥补相关技能的缺失。多数数字化实践比较成功的企业，其成功的秘诀主要在于采用了DevOps（Development 和 Operations 的组合）、持续交付及敏捷等软件开发活动中倡导的测试学习法。这些方法过去被限制在商业环境的边缘地带。测试学习法包括自动化、监控、社区共享及协作，将过去相互孤立的职能及流程统一到快速发展和产品导向的文化之中。通过推进技术与产品的共享负责制，这样的环境实现了数据民主化，将复杂性降到最低，促进了资源的快速重新配置。

敏捷文化的核心是在不断测试中学习的观念及产品开发方法，它可以有效地应用或融入企业几乎所有的项目或流程之中。领先的数字公司无须苦等发布拳头产品的成熟条件，也不需要等到产品发布后才得到市场反馈，它们可以通过快速向市场推出产品来进行学习、跟踪及做出反应。然后权衡利益，收集消费者反应，并追求不断改善。

敏捷方法在过去的十年时间内已经从互联网产品开发逐渐扩展到企业项目的交付。对数字化转型的创新、探索项目，更需要采用敏捷的方式进行开发、测试与交付。实践证明，敏捷加速了项目的交付时间，增加了各方的满意度，并且能灵活应对业务需求变化。

在企业传统实施的项目中，往往采用瀑布式的开发。要实现敏捷的方式，必须理解敏捷的原则：迭代和增量交付、协作、持续改进，如图2.19所示。

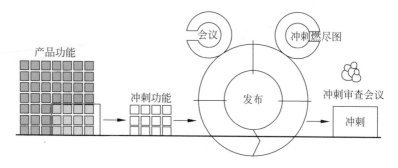

图 2.19　迭代开发模型

- 迭代和增量交付：项目交付被分成小的功能发布并增量提交，以便管理风险并更早地得到用户反馈。这些小的发布版本应该以相对平稳的周期进行交付（一般每个迭代周期持续1～4个周期）。迭代是在同样的时长内得到最大的反馈，并有规律地交付最有价值的产品。范围不断地进行修订，以便保持稳定。计划、需求、设计、编码和测试在最初就开始了，并为了不断地更新项目变化的需要。
- 协作：所有核心项目团队成员（包括客户或有决定权的代表）都应在一个共享的、开放式的空间来进行面对面的联系和交互。专属空间被用来完成有秩序的工作、即兴会议、设计讨论和其他正式或非正式的组内活动。团队成员自发地持续协作完成任务，而不需要通过自上向下的管理和控制。
- 持续改进：对交付过程进行审查和改进的活动也被纳入

到敏捷方法中。项目反思（也叫项目回顾）是联络会议，一般在项目进行中推动对成功和失败之处的反思，包括应用的工具和技术。每日"站立"会议提供了一个机会，使成员们可以交换有价值的信息，持续细致地调整改进。

对读者来说，理解这些核心原则的最好方法是从事一个迭代增量过程来达到敏捷交付。从一两个试点项目开始，一旦得到了真实的经验，就扩大到更多的项目和团队。

（二）包容性设计

在数字化转型实践过程中，数字化产品是必不可少的产出。数字化产品除了常见的移动应用以外，还可能有智能设备、交互装置等。在进行人机交互的设计中，包容性设计（inclusive design）是一个非常重要的设计方法。本节会结合在设计思维中 Contoso 假想的产品对包容性设计做出一些具体的说明。

英国标准协会将包容性设计定义为："主流产品或服务的设计应当满足尽可能多的人访问和使用，而不需要特殊的调整或专门设计"。2007年，英国剑桥大学工程设计中心提出每个设计都可能有盲区，这些盲区可能会导致一部分顾客无法使用产品。包容性设计强调通过理解用户的多样性来做出覆盖尽可能多的人的设计。这与前面设计思维提到的同理心有一定的相似之处。同理心强调从用户的角度出发理解问题，包容性设计则指出了用户的角度未必只是一个角度，而可能是多个角度。如果不能够正确认识人群的多样性、理解人群的需求，那我们的产品就可能会产生对用户的排斥，形成使用的盲区。这些不包容性会导致高退货率和客服成本，进而影响商业成功。在这里，举一个很小的例子：在很多软件的安装步骤上，可能会这样提示用户"按任意键继续……"，对于具有计算机使用常识的用户来说这个很容易理解，但是如果考虑到不具备有接触计算机能力的用户，如老年人、文化程度较低的人，可能会发现在键盘上找不到"任意键"这个键，从而影响后续的使用。

　　从世界卫生组织在1980年首次正式发表残障的定义起，我们就一直在提升对残障及其带来的限制的认识。1980年世界卫生组织对残障的定义是一种个人属性，认为残障是一种因健康状况的限制而导致无法和正常人一样的行为能力。2001年新发布的定义将其定义为人与社会之间的相互作用。今天，残障不仅仅是一个健康问题，更是一种复杂的社会现象，反映了人的身体反应能力和社会环境的交互，是基于某个场景的。例如看到强光时人的视觉会受到影响，打着石膏时手的行动能力受到影响，或者在国外点餐时由于认知差异会带来困难等，这些都是一个短期的不匹配。而有时这些不匹配则是基于情境的，当人们在不同的环境中移动，他们的行为能力会产生很大的变化。例如，在喧闹的人群里听不清楚别人说话；在车内，视线是受限的；照顾宝宝的父母每天大部分时间都需要单手干活；劳碌的一天会产生疲惫情绪。当谈论残障和相关的限制时，其中既包含情境下的障碍、活动能力的限制和参与能力的限制，也包括个人与环境、当时的情况和整个社会之间的不匹配。这也是包容性设计中一个很重要的思想：为一个永久性残障的人去设计产品，会让在某种情境下有使用困难的人也受益。一个为独臂人士设计的设备也可以被暂时骨折的人或者抱着宝宝的父母使用，我们将这种情况称为"用户画像频谱"（the personal spectrum）。从用户画像频谱可以看到，如果能够理解永久（permanent）障碍、暂时（temporary）障碍和情境（situational）障碍具有相似的痛点，再举一反三，就可以通过较少的解决方案帮助到更多的用户。例如，当为听力受损的人设计产品时，嘈杂环境中的普通人也会受益，如图 2.20 所示。

为听力受损的
人提供设计

在嘈杂环境中的
普通人也能受益

教导孩子阅读的家长
也能受益

图 2.20　听力受损的用户画像频谱

所以，在进行数字化产品设计的时候，需要了解设计将会如何交互影响，是否会造成这种不匹配。如果能够发现这些不匹配之处，进而进行改善，那么就能为更多人改进体验。再如在 Contoso 的案例中假想的废旧物资回收装置，为了让该装置识别当前的用户身份，用户可能采用手机扫码的方式进行身份验证。当用户走到设备前需要进行操作时，手里可能都拿着各种需要回收的物资，两只手或单手无法进行有效的操作，也就是正处于情境障碍的情况下。如果这时采用手机扫码的方式，用户可能需要将东西放在地面上，随后才能进行后续操作。这样设计产品的结果就可能是地面上会留下部分的废旧物资，由于无人清理，有可能会阻碍其他用户进一步使用该设备，从而导致后续的维护成本上升、使用效率下降等问题。

为了更好地理解客户的多样性，微软于 2003 年做了一个关于无障碍技术的研究，并提出以下观点：关于残障的定义限制了对无障碍技术的理解,IT行业必须考虑到更宽广的使用人群。人群的多样性问题可以通过一个金字塔模型来展示不同人群的使用能力,如图2.21所示。这个金字塔将用户分成不同类型,塔的底部用户是没有任何使用困难的,使用的困难度随着塔的高度增加而上升,这是有人第一次从使用能力困难的视角来解释人口的多样性,实际上这个模型还可以拓展到更广的范围中,在现实世界里,生活方式、性别、过往经历等都可以作为区分人群多样性的维度。

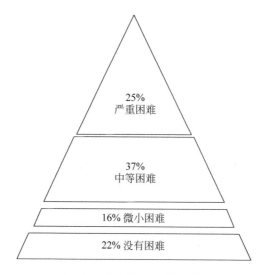

图2.21 使用能力多样性模型

简而言之,不同才是人类的常态。包容性设计的做法是通过以下三点来指导适应多样性的设计:
- 开发一个系列的产品,以覆盖更多的人群。
- 确保每个产品都有明确的目标用户。
- 降低使用每种产品所需的能力水平。

每个人都习惯根据自己的认知来思考和评估周边的人和环境。这样就会带来一个问题：如果设计人员总是用自己的能力作为基准设计产品，能使一部分和我们相似的人容易使用，但对其他人使用却是困难的。数字化产品往往是创新，是人们以前没有用过、没有听过，甚至没有想过的产品。每个人对科技的使用能力很大程度取决于人们所看到的、所听到的、所说的和所触摸的。人们的听、说、看、触摸的能力有可能随着环境的不同而不同。这也就要求我们充分考虑到这样的不同。

包容性设计有以下三个基本原则。

1. 识别盲区

当习惯用自己的认知去解决问题时，盲区就会产生。如果能够找出那些盲区，把它们当作机会点，创造出新的解决方案，则会产生包容性设计。同理心是设计中很重要的一部分，当试图建立对不匹配的互动的同理心时，仅仅依靠带上眼罩或耳塞来模拟并不能真正有效。如果想要真正理解人们如何适应周边的世界，需要花时间走进他们的世界，从他们的视角去体验这个世界。如果能够真正建立同理心，不仅能发现人们遇到的障碍，更能够真正理解他们做事的动机，识别出盲区。

回顾斯坦福 d.school 关于钱包的案例。对于男性来说，钱包的主要作用是存放银行卡等物品，当移动支付已经能够满足用户的支付需求时，很多男性在日常生活中就用手机替代了钱包。然而对于女性来说，钱包可能有更多的作用。对于男性设计者来说，就需要转变自己的认知，才可能设计出专门针对女性的"数字化钱包"。

2．理解多样性

包容性设计以人为本，而人本来就是多样的，所以需要更多新鲜多样的想法来做出更包容的设计。人类天生具备适应性，当遇到不匹配的交互时，他们自己会调整来适应。而设计师们通常无法想象出这种适应的方式。我们可以观察到一个具备一定使用能力的人在使用产品时获得的体验是顺畅的还是不匹配的，但无法得知他们的内心感受是快乐的还是挫败的。只有体验了这种适应性，并从每个人的体验分享中获得东西，这样才能形成真正的洞察力。

当今时代移动技术高速发展，而移动技术也使得人们和当下的情境高度相关。移动技术在带给人类便利的同时也带来一个核心的问题：是我们被迫适应了科技，还是科技适应了我们？想想我们对手机的依赖是否让我们的视线被牢牢吸引，所以我们的设计需要考虑到这种移动性，在不同的情境下，用户具备不同的交互能力，有时候是视觉的，有时候是语音的，有时候是触觉的。根据不同情境打造不同的设计会更好地满足今天用户对移动性的需要。

例如在Contoso假想的产品中，在产品设计阶段就需要考虑到操作人员的文化水平以及操作环境，尽量采用简单的按钮来替代复杂的操作键盘。

3．解决一个，延展到多个

每个人都有一定的能力，也有一定的限制。通过帮助残障人士做包容性设计，实际上会让更多的人受益。有时候限制并不是坏事。例如，设计字幕的初衷是为了听力受损的人，但字幕也能帮助到喧闹环境中的普通人，甚至帮助到教孩子阅读的父母和老师。类似地，当设置高对比度的屏幕时，本来是想帮助视力受损的人群，但实际上现在更多的人在强光环境里也会使用这一设置。对于远程控制、自动开门、语音书、邮件和其他很多应用也有同样的情况。好的设计通常都会考虑到使用中的限制。

包容性设计先为产品选择一个合适的目标受众，为这部分人群最大化产品的设计体验，然后再尽力扩展以适合更多人群，而不是一开始就针对所有人。包容性设计认为需要考虑与目标用户相关的商业利益或局限，所以包容性设计不光是针对产品设计本身，也为提升客户满意度、扩大潜在客户市场提供了更多的机会与可能。

值得一提的是，将人工智能提供的机器视觉、听觉等能力与包容性设计的思想相结合，可以创造出令人激动的产品。在 2018 年微软人工智能大会的讲台上，微软全球执行副总裁、微软人工智能及微软研究事业部负责人沈向洋博士迎来了一位来宾——来自南京工业大学的硕士研究生宋昊旻。

1993 年出生的宋昊旻，在一岁时由于医生用药不慎造成神经性听力损失，被诊断为终生听力严重损伤。昊旻在妈妈的支持下，经过不懈的艰苦练习学会了发声。他不但和同龄人一起学习生活，还考上了南京工业大学的本科和硕士研究生。今天，昊旻已经可以像常人一样发出声音，但受限于听力损失，他的语音、语调会显得有些吃力和不自然。在微软人工智能大会上，昊旻与沈向洋进行了现场对话。基于"微软翻译服务（Microsoft Translator）"打造的微软语音服务，专门针对昊旻的声音特点定制了语音识别模型，能够以极高的准确度将他的语音实时转换成文字，还能同步翻译成英语或其他语言，从而真正实现了无障碍沟通。这项用来帮助听力受损人群无障碍沟通的技术源于微软与美国罗彻斯特理工学院的一项合作。罗彻斯特理工学院在培养失聪学生方面久负盛名，在该校的总共1.9万名学生中，8.8%的学生都是失聪者或者听觉障碍者。利用微软的人工智能技术和认知服务中的微软翻译服务，科研人员开发出了可定制的自动语音识别解决方案，让学生能够更加从容自如地与世界交流。

今天，日新月异的技术创新正在潜移默化地改变着每个人生活、学习和工作的方式。微软相信，如果能够充分调动技术进步的全部潜力，那么一定可以解决更多困扰人类社会的重大问题。正是出于这样的考虑，微软在2017年7月宣布投资200万美元开启"人工智能地球计划（AI for Earth）"，旨在以人工智能寻找能够用以应对和解决大气、水资源、农业和生物多样等全球性问题的技术方案。同年12月，微软宣布大规模扩大这一计划，将在未来五年内投资5000万美元，鼓励人们推广人工智能来更高地管理和改善地球的自然系统。在刚刚结束的"Build 2018微软全球开发者大会"上，微软进一步公布了"人工智能无障碍计划（AI for Accessibility）"，将在未来五年的时间内投入2500万美元，予力全球开发者充分利用微软提供的人工智能技术和平台施展才华、发挥创意，为世界各地的残障人士打造一个便利、平等、没有障碍的世界。

时至今日，人工智能所取得的进展已经有能力为残障人士的生活带来翻天覆地的改变。计算机在看、听、说、推理等方面的能力、效率和准确度持续提升,而微软则将这些成果打包成解决方案,推出了实时语音到文本转换、计算机视觉识别、文本预测输入等功能和服务。利用这些触手可及的技术,人们可以为视觉、听觉、感知、学习、行动能力有所不便的人群或心理疾病患者打造出人工智能应用和产品,帮助他们无障碍地面对工作、生活和与人沟通。

事实上,在过去几年的Build大会上,微软一直在不遗余力地展示以人工智能技术予力残障人士的无限可能。在Build 2016大会上,由微软盲人工程师Saqib Shaikh开发的Seeing AI人工智能辅助视觉方案首次亮相。这套由可穿戴眼镜、智能APP组成的系统,能基于微软智能云上的视觉识别和自然语言处理技术,识别出摄像头拍摄到的场景,听懂佩戴者的语音命令,然后以语音的方式向视觉障碍的使用者描绘出眼前的场景,例如"一个穿红衣服的女孩正在踢球"。

在2017年的Build大会上,微软研究员张海燕为帕金森病患者Emma Lawton设计的一款特殊的手表再次引起了人们的广泛关注。这款Emma手表能够跟踪和探测帕金森病患者手部不受控制的震颤,以手表的震动去纠正和抵消手部震颤,从而让患者像正常人一样控制手部动作写字画画。通过在传感器、移动应用、云计算的基础上进一步加入人工智能、机器学习及帕金森症状量化模型,研究小组还在持续研究针对帕金森致病成因的更多可行的治疗手段。

微软"人工智能无障碍计划"的目标就是通过予力全球各地的开发者,尽可能地扩大人工智能的影响力。这项计划在实施过程中将分为三种途径:首先,微软会为开发者、院校、非营利组织、发明者提供技术方面的种子资金支持，帮助他们以人工智能为突破点，创造出能帮助残障人士更好地工作、生活和与人沟通的解决方案；其次，微软对具有潜力的项目给予更大的技术投入，并让微软的人工智能专家参与其中，帮助其成果实现规模化发展；第三，微软还可以将人工智能与开放设计融入现有的平台和产品，与合作伙伴一起将人工智能创新打造为平台级服务，从而为更多人提供服务，让无障碍的福利实现最大化。

（三）数字化工作环境

数字化转型可以说是一场全员创新的过程。一方面，企业可能会创造新的业务模式，另一方面，员工可能会改变原有的工作方式和工作流程。如果员工只是被动地接受变化，那么管理者需要更长的时间才能觉察到调整、优化的机会。为了发挥全员的主动性，一方面需要通过数字化工作空间来释放员工的生产力，建立内部分享、反馈、优化的平台，另一方面则需要通过持续的数字化文化的建设来改变每一个人的转型意识，让每个人都积极主动地参与到转型中，发挥主观能动性。

从企业内部来看，当企业员工中"数字化原生民"的数量越来越多的时候，企业更需要提供个性化员工体验，利用技术加强团队合作，支持独特的学习机会和职业发展。工程和研发部门关注跨地域分享技术实践；运营和生产部门共同关注改进和监控业务流程；市场、营销和公共关系部门关注企业社交和跨部门信息同步；人力资源与法务部门关注员工信息处理和反馈；财务、金融和采购部门关注快速利用数据构建可视化报表；行政部门关注如何用数字化手段管理团队日程及办公室设施。

从企业间的合作来看，跨企业的数字化工作空间能建立快速的内外反应机制，加强跨企业的研发协同、加速企业与供应链以及市场与销售之间的流程和问题处理速度。数字化工作环境将在第四章详细介绍。

（四）价值交付和管理

转型治理是保证企业数字化转型持续推进的重要机制。敏捷开发第一重要的原则是：交付有价值的系统。敏捷作为数字化转型实施的重要方法，需要不断地管理在每个数字化转型项目交付的价值。从技术的角度，项目交付管理所关心的问题比较直接，也容易量化。例如：

- 项目直接人员成本与计划成本的比较；
- 项目实际迭代周期与原计划的比较；
- 项目需求的燃尽率；
- 项目代码产生的缺陷数量。

对于数字化实施团队来说，需要站在企业全局的角度来看待交付的业务价值，然而计算交付的业务价值的度量则复杂很多。在考虑业务交付价值时可以从以下三个方面进行考虑。

（1）价值完成的持续性

由于采用敏捷的实现方式，数字化转型实践可能会被分为多个阶段。在当前阶段完成的价值可能在后续阶段持续增加。考虑每个迭代与项目总体之间的关系，如在第二章第二节第五部分中举到的例子，为了实现全渠道体验的数字化旅程，将项目分成了三个阶段，当前完成的阶段是三个阶段中的哪个阶段？完成了这个阶段以后带来的直接影响以及间接影响将会是什么？在第一阶段建立与所有系统的集成可能会花费比后续两个阶段更多的时间,这个时候需要看到冰山在水面以下的部分。

(2) 价值具有不同的表现形式

价值的体现不一定只是增加了客户的转换率等直接创造企业业务收入的形式,业务价值还可能包括:

- 提高了业务操作的效率与有效性;
- 减少了流程或操作的人力资源;
- 增加了新的业务能力,为其他业务提供了支持;
- 缩短了业务决策时间;
- 提高了业务决策的准确性;
- 降低了潜在的业务风险;
- 改变了企业的文化。

(3) 价值的受益者

明确创造的业务价值受益者是谁:

- 客户;
- 合作伙伴;
- 员工;
- 技术人员。

表2.10展现了企业部分常用的价值实现评估点,根据每个项目的不同及企业的实际情况,可以在进行数字化转型规划的时候进行扩展,甚至定义一些量化的指标来衡量。

随着企业战略、业务的变化,对交付价值的衡量可能也会发生变化。数字化转型治理的工作重点之一就是要建立阶段性的业务价值交付评估与管理,确保转型交付的项目沿着数字化转型的路线图不断推进。

表 2.10 企业部分常用的价值实现评估点

创　新	人力资源	品牌建设	生　　产	产　　品
• 带来市场洞察意念 • 加快上市时间 • 提高创新投资回报率 • 降低对环境的影响并开创创新设计解决方案	• 增加花费在工程上的时间，并减少在花费较少的任务上花费的时间 • 在个人和团队之间无缝协作地分享想法	• 提高品牌认知度 • 提高市场渗透 • 留住客户，减少客户流失 • 提高客户满意度和忠诚度	• 提高员工生产力 • 加速创新 • 整合符合环保要求的设计	• 期望的业务成果 • 加快推向市场/创新的速度 • 减少现场或服务中心的修复 • 降低原型设计、物理建模和测试的成本

（五）数字化文化

作为转型方法论的最后一节，需要再次提到文化建设的重要性。企业文化是企业管理中最重要但也最难完全通过量化的指标来反应的部分，而这个部分对数字化转型至关重要。微软在内部推行"成长型思维"为推动数字化转型做出了第一步，通过成长型思维，员工不仅认识而且认可转型所带来的新机会，从而更加主动地推动转型。如果说转型治理是为了保证企业内从上而下的推动转型，数字化文化就是从下而上的反馈。数字化文化主要包括以下五个方面：

- 数字化优先思维。认识到数字化的机会与机遇。在任何场景下，看到数字化解决方案的潜在可能，看到通过数字化获得进一步业务能力的可能性，看到通过数字化创造新业务价值的机会。
- 创新、合作。相信创新,不断采用颠覆性思维思考业务模式和产品发展的可能,看到新技术应用所带来的颠覆机会,在企业内部与外部建立探索新思想的团队氛围。不再将眼光局限于企业内部的局部优化,看到不同行业、不同领域的关联。
- 数据驱动的决策。采用数据挖掘和分析等手段以提升业务决策能力,对数据的利用从"统计"提升到不断探索数据之间的相关性以及内在关系。
- 开放。增加与外部网络(如第三方供应商、初创公司或客户)的合作,建立企业的网络,最大限度地发挥企业网络的价值。
- 敏捷和灵活性。加快决策速度、建立敏捷的团队,不断在业务上、技术上进行快速的尝试,持续反馈和持续优化。

企业的领导者必须意识到数字化转型不再是信息化系统的实施或是新技术的试点,数字化转型是关于如何将人员、数据和流程汇集到一起,为客户创造价值并在数字优先世界中保持竞争优势。在数字化时代的企业,也要建立对应的数字化文化,帮助企业顺利推动数字化转型。

四、总结

在第二章结束以前,对数字化转型的方法做一个简单的回顾。在梦想阶段主要完成的工作是对未来业务的大胆设想,但不是天马行空的空想。梦想建立在关注行业趋势、技术发展的基础上，与企业的实际情况结合起来，做出若干大胆的业务方面的未来畅想，制定企业的数字化转型的愿景。在进行设想的时候需要用成长型思维来进行思考，结合技术、业务和人三方面因素，考虑业务环境、投入方向、企业场景，再结合企业的主要优势来确定未来的发展方向。

规划阶段的工作是将梦想阶段产生的输出进行价值评估，在企业内部建立数字化团队，通过原型法对设想进行快速验证，结合企业自身的数字化成熟度，制定出有效的规划和路线图。在规划阶段的工作完成了以后，业务发展的设想就转变成为未来具体规划的项目，等待进一步的实践。

接下来是实践阶段，采用敏捷开发的方式将规划中的项目按照优先级逐步实施。实施的过程是一个动态跟踪、汇报的过程，需要通过变革管理不断调整实施的范围和企业的应对机制，通过价值管理确保项目实施不断向着正确的方向前进。

在下面的章节，将对数字化转型的每一个支柱进行介绍，结合微软的精彩中外客户案例，让读者对数字化转型的四大支柱有更深入的认识：

- 密切客户沟通；
- 予力赋能员工；
- 优化业务运营；
- 转型产品服务。

第三章

密切客户沟通

数字化时代,客户的需求将变得更加多样化与个性化。大多数企业都已经认识到"以客户为中心"的重要性。在数字化转型之路上,成熟的企业以及全球主流数字化转型咨询专家或机构一致认同的是:"专注于客户体验的密切沟通"是数字化转型的关键。

客户体验是通过产品或服务的整个生命周期及客户自身的使用体验构建的。企业的品牌资产越来越多地建立在数字化认知和知名度之上。数字化手段,特别是移动社交媒体,对客户的发现、学习、决定、获得支持和提出问题变得越来越重要。

一、以客户为中心时代的数字化转型

全球企业运营已经进入了数字化时代，由客户产生的数字化内容以前所未有的速度产生和增长，引发产业、市场的新增长点。数字化作为商业运作模式中越来越重要的一环，正从根本上改变企业与客户的沟通方式。在大数据分析和洞察、移动社交、人工智能等技术的驱动下，企业和客户的关系正在发生变化。传统的、面向产品销售的、响应式的沟通方式，正转向以客户为中心的、以客户需求为驱动的主动密切沟通方式。如何在数字化时代敏锐地捕获客户的需求，并真正实现以客户为中心的业务转型？这要求企业能够定义统一的跨渠道视图去全面接触客户，在更深入及更可行的客户洞察基础上进行协作，创造一流的营销能力。根据变化的客户需求优化供需、创新业务模式及产品和服务，特别是应重新思考人与人、人与组织之间的互动方式，思考如何产生互惠的价值，从技术基础设施到业务运作方式上全面支持新的互动沟通方式，使客户沟通变得更加整合、弹性、简洁和高效。密切客户沟通的思考如图 3.1 所示。

思考以下 5 个问题。

1. 把单纯购买产品和服务的客户变成品牌的忠诚拥护者

使客户代理和服务人员能够自然地和个性化地工作，使用直观的工具提供优质的客户服务。通过将客户信息、通信历史记录、

图 3.1 密切客户沟通的思考

知识主题和其他相关数据整合到一个解决方案中,促进更好的服务交互。与内嵌企业信息系统保持联系,以帮助查找和连接合适的人员和资源。通过在个性化上下文环境中提供主动的、量身定做的产品和服务,将传统的基于订单的购买中心转变为基于品牌忠诚度和服务的持续利润中心。

2．吸引新客户,推动品牌认知

提供跨渠道、跨设备的个性化服务与上下文感知的社交和移动客户体验。通过移动、社交和大数据技术可帮助定制良好的、有时效性以及有针对性的产品和服务来满足客户的需求,从而更好地吸引新客户,促进更好的客户交互,进而推进客户对品牌的认知。

3．支持面向客户的全渠道服务和产品交付

最大限度地有效利用资源,同时向客户提供贯穿所有渠道的一致经验。开发和维护通用 B2B 和 B2C 应用程序,提供跨设备运行能力,将事务数字化,简化流程,优化渠道。企业最终为了满足客户在任何时候、任何地点、任何方式购买的需求,采取实体渠道、电子商务渠道和移动电子商务渠道整合的方式销售商品或服务,提供给顾客无差别的购买体验。

4. 以增强的人工智能进行大规模的客户交互

使增强的人工智能民主化,从而为每一个个体产生价值。基于深度学习技术的内置智能,利用基于大量数据的自然语言处理方法来看、听、说和理解客户的需求和情感的解决方案,为客户带来完全颠覆式的产品和服务体验。

5. 通过社交化分析将对客户的理解和洞察转变为商机

建立一整套社交化倾听和营销能力,以支持外部社交化媒体和策略。社交化方式意味着一线员工可以识别新的机会并应对竞争威胁,营销团队可以通过社会洞察力优化市场活动,服务人员可以更好地了解客户,使互动更有意义。

二、皇家马德里连接全球五亿球迷群体

在全球范围内拥有五亿球迷群体的皇家马德里俱乐部是世界上运营顶级体育赛事最成功的俱乐部之一,但这五亿球迷只有很小一部分位于西班牙本土,俱乐部需要有一种有效的方式来密切连接每一个球迷,以保持球迷对俱乐部的热情和忠诚。为了实现这一目标,皇家马德里俱乐部与微软企业服务团队紧密合作,构想、设计、开发并成功地在全球范围内部署了一套基于微软 Azure 的数字化体育平台解决方案,利用微软 Azure 云平台全球化的云服务能力,为全球任何地方的球迷和群体提供一致的数字化体验。皇家马德里俱乐部可以通过该解决方案,和球迷进行一对一的沟通,并提供个性化的数字内容,如赛事视频、球员访谈、球迷活动等,也可以根据数据和分析跟踪球迷的行为,为其推送针对性的促销活动。在成功实施了这一数字化体育平台后,整个俱乐部的数字化内容及基于数字化渠道的服务收入增长了 30%,同时也进一步奠定了整个俱乐部进行数字化转型的决心。

1. 展望数字化转型的愿景

数字化转型的第一步是将俱乐部的关键利益干系人集中到一起,明确每一个干系人对于数字化如何丰富俱乐部与球迷互动方式的愿景,正如俱乐部首席执行官所指出的,俱乐部想与所有支持皇马的人建立联系,大约 97% 的球迷居住在西班牙以外,如何理解和学习他们是至关重要的,因为最终俱乐部属于他们。

为了开启数字化转型的第一步,皇家马德里俱乐部与微软企业服务部的数字化转型专家们一起开展了头脑风暴讨论会,在会议上,技术话题被搁置到了一边,而聚焦到如何针对俱乐部的数字化转型目标和方式进行了毫无保留的开放式构想。

团队花费了大量时间来讨论如何通过密切沟通球迷来提升潜在商业价值,以及如何通过不同的方式来实现这种密切沟通。在这个技术专家占多数的团队中,业务目标的清晰度和优先级被放在首位,而明晰了业务目标后,下一步是定义一个战略项目框架,以指导开发一个具有全球影响力的皇马数字化体育平台。后者的能力是至关重要的,大部分球迷散布在全球各个地区,这种碎片化的分布使得皇家马德里俱乐部无法像通常那样定义一个"典型"的球迷及其行为。因此,通过数据捕获和分析球迷行为将是成功的关键。

2. 将技术带入体育赛事

皇家马德里俱乐部与微软企业服务部数字化转型专家们一起紧密合作,基于对微软 Azure 云服务的广泛应用,建立了一个全面的平台即服务(PaaS)解决方案。

皇家马德里俱乐部核心业务是足球,所以让技术合作伙伴来管理技术基础设施是尤为重要的,Azure 平台将帮助皇家马德里俱乐部可以随时随地为全球五亿球迷提供他们想要的服务,因为 Azure 可以赋予计算基础设施所需的全球可用性和可伸缩性,并解除了俱乐部 IT 员工管理其数字体育平台所需的复杂基础设施的负担。因此,俱乐部不再需要增加 IT 人员来管理技术,而是增加了它的数字服务团队来专注于如何为球迷提供数字化的内容和服务。

3. 连接全世界的球迷

今天,这个平台已经成为一个充分运营的,能提供丰富的数字化内容的,并能对球迷行为实现精准洞察的数字化体育平台,如图 3.2 所示。它包括:

(a) 示例一

(b) 示例二

(c) 示例三

(d) 示例四

图 3.2　皇家马德里的数字化平台示例

- 球迷沟通平台。这是后端的营销引擎,它可以捕获每个球迷的互动操作,无论在体育场通过移动应用签到,还是在网上进行个人资料修改,或是线上购物。同时还无缝连接主流社交媒体来收集与俱乐部相关的信息,这些数据将存储在统一的数据湖中,供进一步查询和分析。
- 扩展视频平台。通过使用与应用程序服务和播放器集成的媒体服务,可以为球迷提供新的和历史的视频内容,包括过去的俱乐部比赛。球迷还可以使用各种检索条件搜索特定的比赛或互动游戏。有了现场比赛,他们可以选择特定角度的摄像机来查看关键的回放,甚至球员的细节动作。
- 消费者应用。让球迷可以在世界上任何地方访问俱乐部的数字化内容。皇家马德里数字化运营平台显示用户所在的地点分布,他们可以使用移动应用在比赛之前、期间或之后以虚拟的方式访问体育场;可以搜索所有俱乐部的球员过去和现在的数据,并探索俱乐部的统计数据。球迷们可以通过 Facebook 之类的社交媒体账户注册和登录,也可以使用传统的用户名/密码来实现所有设备之间的无缝体验。

皇家马德里俱乐部的数字化转型促进了俱乐部更好地与球迷沟通与联系,皇马的数字化体育平台已经与球迷们建立了宝贵的新联系,以充分了解每个球迷是谁,他们在哪里,以及他们想要得到什么。可以针对每一位球迷量身定做一个沟通策略,无论他们是谁或在哪里。数字化体育平台的能力正在影响俱乐部运营的方方面面,并为其所有者开辟了新的收入来源,特别是基于数字化内容的收入,提供了超过 30％的复合增长。皇家马德里俱乐部相信为数字化平台的投资的回报是巨大的,并且有着光明的未来。

想要了解更多皇家马德里俱乐部数字化转型的故事,请访问以下链接获取更多内容：https://play.vidyard.com/tWcMJnbdLRPXSYreSMpsmx/。

三、金融行业智能客服为客户提供数字化服务体验

中国的金融行业客服市场的整体规模已经超过千亿元。但是在如此庞大的市场规模下,难掩的是多数企业客户服务部门在控制成本、提升效率等目标与用户需求碎片化、满意度有待提升等现状交织而成的矛盾,出现捉襟见肘、顾此失彼的状况,凸现了企业客服的发展瓶颈。

现阶段人工智能擅长的是快速处理简单、重复的问题,这已经是科技界的共识。而在客服领域出现的比较多的工作也是重复率较高、复杂度相对较低、对于效率要求较高的事务。所以,客服行业可以说是人工智能商业化应用的试验田,也是相对能够带来较大商业价值的领域。

智能虚拟客服机器人通过自然语言处理、语义分析和理解技术提供高精准、高拟人化的服务,大大地提升了客户体验。自然语言处理能力直接体现智能化的程度,能够在不同语境不同场景下提供更智能的交互。一个典型的智能虚拟客服的使用场景如图 3.3 所示。

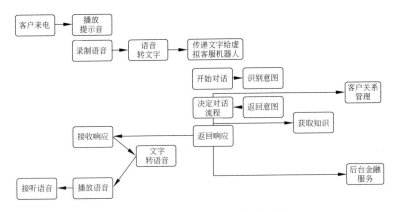

图 3.3　智能虚拟客服的使用场景

一个智能虚拟客服系统应当具备以下能力。

(1) 语音识别与语音合成的能力

- 支持准确的语音识别能力；
- 支持带口音的普通话；
- 支持方言；
- 支持情感识别；
- 支持声纹识别；
- 支持自然语音合成；
- 支持中英文混合合成；
- 支持情感合成。

(2) 自然语言处理能力

- 准确理解客户意图；
- 具备推理能力；
- 具备多轮对话能力；
- 支持上下文情景管理。

(3）业务知识能力

- 一体化知识构建；
- 逻辑推理及业务知识理解；
- 知识驱动的类人类认知；
- 吸收现有知识数据；
- 不断从实践中丰富知识体系。

(4）持续学习与定制能力

- 持续学习，持续优化；
- 自动学习，减少人工干预；
- 可根据不同业务领域进行快速定制；
- 对接外部系统。

　　智能虚拟客服机器人正是将自然语言处理技术、基础 AI 能力和深度 AI 能力相结合，通过智能交互体现出来，这些能力应用于互联网客服领域可以为客户提供更智能、快捷、精准的服务。

　　机器学习是人工智能领域中最重要的技术之一，智能虚拟客服机器人也会运用机器学习技术来提高答案的准确度，主要体现在未回答问题的自学习和已回答问题的智能质检中。智能虚拟客服机器人通过机器学习平台，对未回答的问题进行学习，提升机器人的问答匹配率，从而提高机器人运行效率；同时会对已回答问题进行分析，提升机器人问答质量，能够做到数据全面分析，从而提升机器人问答质检覆盖率。持续学习与定制能力如图 3.4 所示。

　　智能语音导航是结合人工智能领域的自动语音识别技术、自然语言处理技术以及语音合成技术形成的综合应用，通过对接传统客户互动式语音(IVR)系统，形成了扁平化的业务语音导航菜单

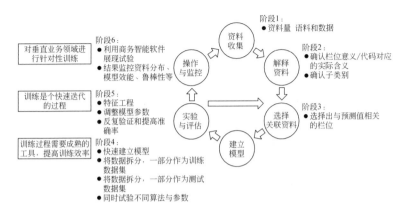

图 3.4　持续学习与定制能力

服务模式。智能 IVR 允许电话呼入的用户以开放的方式表述业务需求,也就是说,用户可以直接说出自己想要的服务诉求。系统识别并理解用户自然语言中包含的业务需求,从而将语音菜单导航到客户所需的功能节点,实现"菜单扁平化"。并且,可以通过与业务知识的结合,实现服务问题的直接智能问答,全面提升用户满意度,减轻人工服务压力,降低运营成本。

在具体的实现上,智能 IVR 通过定制化的语音识别引擎来实现客户语音的识别。引擎通过大量语音语料训练,构建多维度深层次的语义网络,提升客户来电诉求识别率。并且语音合成技术支持音调、音色的自主选择,企业可以根据服务需求实现个性化的定制。

人工智能技术在银行客服领域的应用,源于企业开始觉醒的客户服务意识,而其发展的过程,不仅仅局限于传统信息化的软件研发模式,或专注于技术的探讨,而是需要真正地去理解整个客服行业的诉求,理解客户沟通体验的诉求。通过人工智能技术的持续渗透和改进,最终才能营造出贴合实际的需求并且最终能够落地到客服智能化实践。智能客服的应答功能如图 3.5 所示。

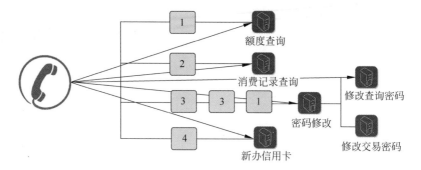

图 3.5　智能客服的应答功能

- 支持现有 IVR 中的信用卡业务,实现全景导航;
- 支持节点直达,如用户说:"额度查询",则定位到信用卡额度查询的节点;
- 交互过程中同时支持按键和识别,兼容用户习惯。

四、吉利领克的数字化新营销

面对企业增长与利润的瓶颈、持续颠覆的新技术、不断涌现的跨界竞争、不断提升的客户预期等急剧变化的商业环境,车企面临着前所未有的挑战。

越来越多的车企领袖相信,加快企业数字化变革的步伐是保持竞争力的根本，而丧失竞争力的最大威胁也是源于数字化能力缺失，持续的"数字化变革"成为传统车企转型的必经之路。

领克（LYNK&CO）是吉利汽车打造的，集欧洲技术和设计、全球制造、全球销售为一身的新时代高端品牌，具有与生俱来的全球化基因，为全球都市人群打造的汽车品牌。它诞生于互联网时代，将互联网思维与传统汽车工业相融合，实现出行方式向个性、开放、互联的趋势发展。

吉利在打造领克品牌时，充分意识到客户中心化的趋势：

- 权力已逐渐从企业转移去中心化，让位给客户，即一个个独立的个体和社群；
- 客户更具参与性、分享性和主动权，客户最终能塑造一个品牌，也能破坏一个品牌；
- 与客户建立"独一无二的连接价值"方能获得超级用户，形成强大的品牌势能和拥护者社群；
- 客户成为企业数字化转型的心脏和企业增长的引擎。

进而，在打造领克的新营销解决方案时，数字化热点及相应的解决方案成为重中之重。

1. 品牌的数字化战略

是否有品牌整体数字化战略设想？是否有高度以客户为中心的品牌和业务计划？

随着"工业 4.0"时代的来临，各大汽车厂商纷纷发布企业的整体数字化战略设想，并且积极部署"以客户为中心"的品牌和业务计划，成为"更全面的移动出行服务商"，以及致力于为用户打造更便利的"车·生活"服务。这逐渐成为车企未来的战略方向。

2. 数字化客户资产

如何借助数字化技术、识别产品/行业相关的客户？如何构建客户的数字化资产？

如今的品牌已经从孤岛式的用户数据资产构建，演变为以客户为中心的全方位客户数字化资产构建。通过深入挖掘和汇集企业内部数据，开拓和联通外部数据，并且利用创新技术对数据进行整合及高效利用，可为企业和用户创造巨大价值。

3. 数字化触点和渠道

如何识别并分析品牌与客户进行数字化连接和互动的关键接触点/渠道的布局特征（是否无缝整合）、核心目的、运营推广战略等？

越来越多的品牌开始意识到围绕用户的产品全生命周期进行接触点与渠道的布局，可更好地服务于用户以及进行深度的沟通与互动。

4. 数字化内容及传播

品牌向客户所传递的"数字化"品牌内容、故事、利益是什么？是否具有人文特征、人格魅力？是单向传播还是生态式互动、持续的对话？主要倾向使用哪些创新技术和沟通推广手段？

互联网及数字技术发达的时代，也驱动着数字营销的快速变革，品牌与用户之间早已不是单向的传播关系。内容、数据与技术的共同作用，使用户与品牌之间形成了一种生态式网络化的互动沟通状态。

5. 数字化产品、服务与商业模式

是否根据客户需求和总体品牌使命及愿景赋予产品/服务/商业模式以不同寻常的魅力，或重构数字化产品，或进一步细化含附加值的数字化服务，或拓展数字业务模式或收入流？

- 数字化产品。以数字化技术为新的驱动力，赋予了产品全新的魅力与价值，对于产品的关注点从硬件逐渐转向软件层面，并且开始注重提升用户的使用体验。
- 数字化服务。用户对车辆的需求已经不仅停留在汽车本身，而逐渐上升到车内体验以及汽车能够为生活提供哪些便捷且实用的服务，而汽车厂商也已将数字化服务延伸至用户汽车生活的各个场景。
- 创新商业模式。越来越多的车企向移动出行服务商转型，并基于客户需求，从布局出行生态为出发点，在原有产品及服务价值之外，拓展更多新的商业形态，重塑汽车价值，也为车企扩充营销渠道。

在传统汽车营销模式中，是以企业为中心来确定产品和销售模式，通过渠道来接触客户，提供产品和服务。传统的竞争策略主要围绕如何将产品"推销"给消费者。所以竞争策略强调"产品为王"（质量、性价比）和"渠道为王"（占有率），这样才能覆盖并吸引更多的消费者以实现销售促进。

在数字化时代，领克启动了新零售竞争战略，整合传统的主机厂和经销商资源，整合服务生态，打造以消费者为中心的产品和体验，如图 3.6 所示。新零售模式下，消费者在消费过程中的搜索阻力（如信息不对称）和购物阻力（如门店数量）急剧下降，消费场景

也更加丰富化，因此竞争策略要强调"用户为王"，如用户基数、黏性、流量、互动和体验等，这样才能把握并转化消费者，提高用户体验，增强产品和服务竞争力。

图 3.6　汽车主机厂业务模式的转变

6. 数字化能力支撑领克的新营销策略

数字化能力支撑领克的新营销策略，主要体现在：

- 线下运营和管理"云化"。客户上线、员工上线、商品上线、交易上线、互动上线。运用智能 WiFi、人脸识别、云 POS 等新技术收集线下客户的行为数据及消费数据，盘活"消费者资产"。

- 打通线上线下、打通内部外部。以直营渠道为主，系统设计兼容直营与分销两种模式。在设计上就打通传统的零售和批售的壁垒。

- 数据化运营（大数据＋AI）。建立数据绩效目标，用"数据零售大脑"驱动"会员养成"和商品、交易管理，帮助主机厂形成"预测—执行—验证"的精益化运营闭环，提高运营效率，降低运营成本。

以客户全生命周期为核心，满足领克在市场、销售、服务方面灵活扩展营销运营的需求。营销运营的战略思维如图 3.7 所示，主要有如下：

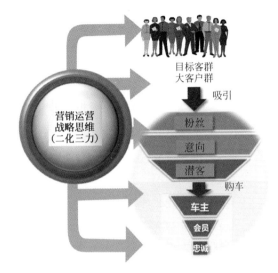

图 3.7 营销运营的战略思维

- 数字化。从"粉丝—意向—潜客—会员"收集客户轮廓信息，进行数据挖掘模型分析，依客户细分和客户群组名单，协助销售顾问导向新的数字营销模式。
- 网络化。从社交媒体、官网、微博、微信平台上收集和引流粉丝族群，建立粉丝社群，与品牌第一次互动和体验，形成品牌认知。
- 凝聚力。从市场营销和产品发布活动，引发粉丝族群的传播，整合经销商＋营销体系＋自然进店，由总部呼叫中心进行线索清洗和派发。
- 黏性力。以积分为手段，吸引客户签到、发帖、参与活动、维修、消费等一系列活动，通过会员俱乐部和积分强化客户黏性。

- 转化力。透过总部呼叫中心清洗线索来源信息，再依规则派发到全国渠道跟进、邀约进店体验和试乘试驾实现线索转化。

7. 赋能客户连接

赋能客户连接实现客户全生命周期管理和全渠道流量入口的统一归集，过程如图 3.8 所示。通过不同渠道行为轨迹记录，不同渠道线索自动归集，不同渠道客户信息共享，实现客户交互业务数

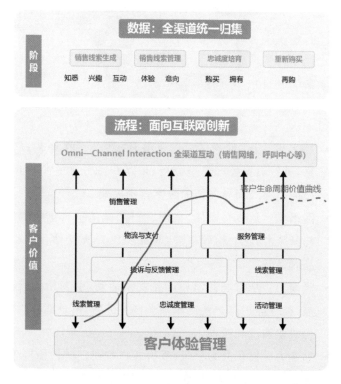

图 3.8　面向客户的全渠道数据归集和生命周期价值管理

据沉淀,为大数据分析积累基础数据。记录客户全生命周期的行为记录,不同类型的客户可能从不同的阶段或渠道开启客户旅程,相同的业务必须保持在不同渠道实现一致的客户体验。根据地区以及时期的不同,客户旅程体验会随着业务模式的创新而快速变化。

基于客户分析的以销定产、客户真实订单和基于潜客分析的经销销售预测,来拉动整体产销的流转,配合全产线锁车逻辑,能够最大限度地推动库存周转率,同时实现真正意义上的以销定产。

8.精准化客户洞察

通过客户分群/标签结合营销大数据针对客户信息进行精准化信息推送与营销,如图 3.9 所示。

精准化客户洞察可以为品牌推广和广告宣传提供支撑;结合客户驾驶行为及综合大数据信息,提前预警售后可能存在的问题,并及时做出应对与调整;提供客户服务能力,直联客户,提供主动精准的服务,也可以为客户提供自助服务的平台;结合客户用车数据,预测感知客户需求,挖掘周边生活化的营销机会,提供增值服务。

传统线下业务和数字化创新业务流程的区别在于:传统线上售车模式以引流为目标,采用单一库存和补货机制,大多采用独立运营线上店铺模式,主要作用是引流与订金收取,与后端业务并无实质关联,商城并不实质掌握后续服务的质量以及客户体验,而是由线下交车的门店完全管控;而新零售售车模式以打通交易全链路为目标,采用联动库存和对接产线机制,主机厂建立统一线上平台,关联所有门店库存以及产线订单,既能卖现货又能卖期货,直接

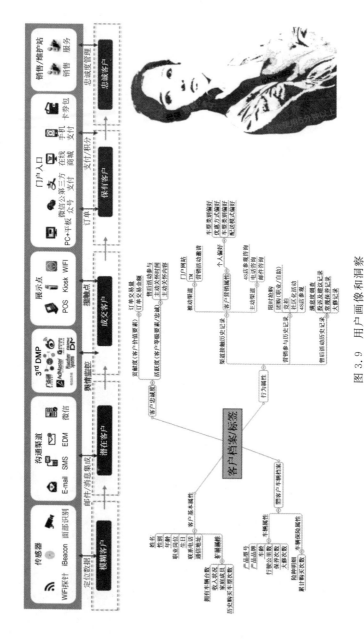

图 3.9 用户画像和洞察

拉动整个交易链路效率的巨大提升,主机厂直接实时监控后续的交车顺序以及后端业务,保障了用户体验的一致性和可靠性。数字化创新业务流程将原先主机厂内部订单系统向互联网打开了一扇窗,打通了传统零售和批售的壁垒。汽车新营销的系统架构示例如图3.10所示。

图3.10 汽车新营销的系统架构示例

9. 小结

领克围绕着以密切客户沟通为中心的数字化战略,将诸多数字化热点有机地融合在一起,形成全新的数字化新营销解决方案,主要做到了以下五点。

(1) 数字化战略部署
- 关注市场变化,快速响应;
- 深入且持续地推进数字化战略;
- 覆盖全业务链的整体部署方案;
- 保持组织的创新与跨界合作能力。

(2) 数字化客户资产
- 数据平台间互通互联;
- 多方数据合作与共享;
- 提供更智能的分析与应用;
- 保障用户数据安全和可控力。

(3) 数字化触点和渠道
- 基于用户全生命周期布局;
- 各触点渠道间的无缝连接;
- 融入品牌个性化交互与形象。

(4) 数字化内容及传播
- 构建生态式互动关系;
- 与用户持续对话;
- 具备个性化和人文属性;
- 传递有价值的内容。

(5) 数字化产品、服务与商业模式
- 产品——数字化驱动汽车产品新定义;
- 服务——围绕用户需求的全场景车生活服务;
- 商业——从智慧出行生态领域发展新生业态。

融合新零售、新制造(物联网)、新金融、新技术(移动互联网)

和新能源,让领克品牌以互联网为依托,通过运用大数据、人工智能、移动互联、云计算等先进技术手段,对汽车的生产、流通与销售过程进行升级改造,进而重塑业态结构与生态圈,并对线上服务、线下体验及现代物流进行深度融合,打造移动互联化全新的汽车行销模式平台。

图 3.11 所示为吉利领克汽车数字化新营销示例。

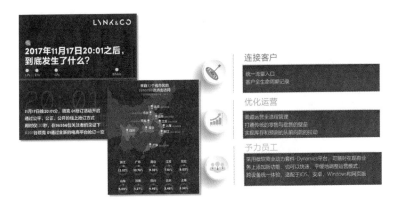

图 3.11 吉利领克汽车数字化新营销示例

五、梅西百货以人工智能虚拟客服优化在线客户沟通

零售业的竞争很激烈。随着购物模式逐渐从实体商店转移到网络虚拟购物中心,品牌店铺会与折扣商店及在线创业公司激烈竞争以吸引客户的注意力和资金。商业战略必须能够在这个"以在线和移动为中心"的市场中取得成功,而梅西百货公司则通过采

用数字化转型来吸引顾客光临其品牌,并留住顾客。

1. 提供无缝的购物之旅

梅西百货公司成立于1858年,在俄亥俄州辛辛那提和纽约市均设有办事处,目前在45个州约670个地点,为客户提供时尚而实惠的奢华商品。公司还通过其在线商店macys.com为美国和超过100个目的地的国际客户提供服务。梅西百货年销售额近260亿美元,拥有数百万忠实顾客,并且一直在寻找方法满足顾客需要的一切购物方式。梅西百货的顾客在各种渠道之间快速转换,从移动到在线再到实体店,希望他们在任何地方都能获得良好的购物体验。

越来越多的顾客首选移动及在线的购物方式,梅西百货努力为他们提供满意、顺畅、个性化的体验。为了实现这个目标,梅西百货正在探索人工智能(AI)和机器学习,在研究了各种AI工具后,选择了Microsoft Dynamics 365(微软企业级商业软件)AI作为客户服务解决方案,因为梅西百货相信它是最好、最灵活和最具扩展性的平台,并且能够灵活迅速地进入市场。

2. 以快速响应连接顾客

梅西百货开始与微软合作后,在macys.com上建立一个与顾客交互的虚拟客服。Microsoft Dynamics 365 AI解决方案在所有渠道中增强了客户服务及沟通,并赋予品牌卓越的客户体验。梅西百货的虚拟客服提供了一个基于对话和文本的多维度界面,可以连接到梅西百货的内部系统的应用程序接口(API),访问有关商品和订单的信息,为顾客提供常见问题的实时响应。梅西百货现有 API 的成熟度，以及围绕搜索、目录、包裹、订单和客户服务的高度可扩展服务的核心电子商务功能，都有助于加快开发进程。由于后端不需要重新加工，团队一直专注于开发最佳的客户体验。

得益于深入的 API 集成，虚拟客服不仅可以回答问题，还可以采取行动解决客户问题。当客户询问"我的订单在哪里"时，虚拟客服可以提供包括"即时状态"在内的定制化答复；如果客户正在寻找优惠券，虚拟客服可以根据购物袋中已有的商品，提供相应的折扣优惠；如果客户选择的商品可能需要较长运输时间，虚拟客服就会查询当地商店的库存并查看是否可以立即取货；它还可以提供商品推荐并查询客户的奖励点数。

人工客服仍然在梅西百货的顾客购物旅程中发挥着非常重要的作用。虚拟客服不能回答的问题会传送给人工客服以继续对话。从虚拟客服到人工客服有一个无缝的过渡。人工客服可以访问顾客和虚拟客服之间的整个交互过程。在这种情况下，人工客服可以很容易地理解问题并快速帮助顾客。

3. 优化顾客体验——从现在到未来

在部署后的一个月内，虚拟客服已经在当前的实施中回答了超过 1/4 的客户查询，释放了呼叫中心的人工客服的很多压力，使他们能够处理更多其他难题。梅西百货正在使用该系统的仪表板不断监测性能，并表示："这让我们能够深入了解网站与顾客间发生着什么。我们可以实时看到顾客的要求，以及我们的答案是如何展示的，我们可以据此做出调整，为顾客提供更好的体验。"

梅西百货连续 32 个季度实现了两位数的在线业务增长，并将客户服务视为延续这一趋势的关键投资。梅西百货体会到虚拟客服的实施非常简单,微软人工智能解决方案对整体业务的影响非常显著。现在他们正探索更多的机会来提供个性化的产品推荐,想扩展到社交媒体并提供对话式商务。

想要了解更多梅西百货数字化转型的故事,请访问附录中的相关链接获取更多信息。

第四章

予力赋能员工

　　数字化转型并不仅限于技术革新，还涉及业务模式、运营流程及客户沟通和员工生产力的重塑。企业若想在数字时代获得新的优势，其数字技术和人才战略的关注点不仅是在对外的促进新业务增长上，而且还要对内帮助员工提高生产力及工作效率，也就是将生产力赋予整个组织和员工。

一、数字化重塑员工生产力

当今,由数字技术引发的变革已席卷每一个地区、每一个行业和每一家企业。数字创新将释放新动能,为企业带来前所未有的发展契机。企业除了探索客户和市场不断变化的需求和行为,更需要打造与时俱进的数字企业文化和生产力工具,帮助员工不断调整和学习、持续创新并推动变革。当企业每天为每位员工争取到一分钟的时间,对有数万名员工的企业而言,将会看到巨大的生产力提升。企业为员工提供的数字化工具越多,员工们就越能专注于服务客户及业绩收入,并发挥巨大的整体作用。

予力赋能员工的思考如图 4.1 所示。这里思考以下几个问题。

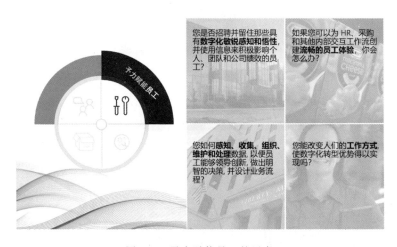

图 4.1 予力赋能员工的思考

（一）生产力变革的趋势

1. 连接客户的变化

随着互联网服务、移动终端和移动应用、社交媒体的快速崛起，企业与客户之间的沟通方式已经完全改变。客户和消费者了解产品及与企业互动的方式正在发生根本性的变化，如图 4.2 所示。

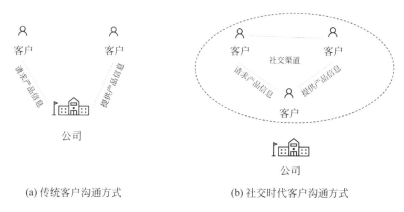

图 4.2　客户连接方式的变革

客户数年前只能依靠与企业的直接联系获得产品和服务信息，如今他们有各种手段通过客户自身的交流和共享完成信息和知识的交换共享。

以零售行业为例，今天的零售商必须能够通过网络、移动应用和门店与客户直接沟通。为了在所有这些方面创造最佳体验，每个员工都必须与客户一样有相应的知识，同时要更清楚企业的产品、服务和流程。在这样的趋势下，要求企业能够与所有员工进行直接沟通和知识传递，以增加员工的参与度，与员工进行反馈和对话，并及时、高效地进行沟通。

2. 连接数据的变化

在客户沟通方式产生变化的同时,崛起的智能移动设备和"无处不在的感知"也驱动了数据量和吞吐量呈指数增加。每年数据的复合增长率达到了 60%,使得企业也存在于一个数据大爆炸的时代。如何利用这些多样的数据,帮助员工更好地服务客户,获取对客户和市场的洞察,也成了提高企业生产力的关键手段。

3. 企业内部协同及内外协同的挑战

员工之间的协作是企业生产力提升的根本因素。数字化协作对企业不同部门的业务成功带来巨大的影响。赋能员工是企业数字化转型的关键手段。

例如对于零售行业来说,通过数字化方式赋予零售店员工和管理层以更好地服务客户,并缩短门店与总部之间的距离。从任何设备轻松访问文档、通信、分析、视频和应用,为零售员工提供最新信息,包括对客户的洞察,并允许他们与同事共享。

(二)构建企业生产力,激发员工创造

最成功企业的四大生产力变革场景:员工参与、业务敏捷、组织连接和协作环境。这四大生产力变革场景如图 4.3 所示。

1. 激发员工参与,提升个人效能

- 文档、视频的访问和使用;
- 内容创建和贡献;
- 个人管理;

第四章 予力赋能员工

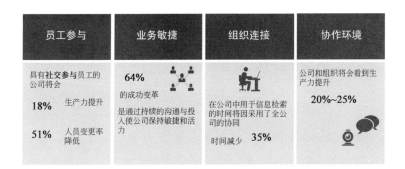

图 4.3 企业生产力的变革场景

- 业务沟通；
- 千禧一代数字化原生。

2. 增强团队活力，推动各个业务敏捷

- 人力资源管理；
- 项目协同；
- 商务投标；
- 营销自动化。

3. 打通部门层级，重塑组织连接

- 创新协作；
- 知识管理；
- 企业社交。

4. 建设企业内部的协作环境

- 高效会议，高效沟通；
- 数字化员工装备。

二、数字化工作空间

企业的消费化现象对提升员工生产力来说既是挑战,也是机遇。实施数字化工作空间解决方案可帮助企业应对消费化所带来的快速变革,并满足企业内各种用户和使用情形的需求。数字化工作空间将全面改变提供终端用户服务的方式。数字化工作空间平台可提供必要的基础架构,以便跨任何办公用设备提供员工所需的应用和数据。

当谈到数字化工作场所时,有如此多的改变商业环境、改变员工和客户工作方式的期望,包括以目的为导向驱动的工作,多样化的工作方式,不同文化环境的协作,跨设备、跨组织,甚至跨地理区域的全新工作方式,从而进一步释放生产力。

我们正处在拥抱数字化和现代化工作场所的时代,它能够提供个性化员工体验,利用技术加强团队合作,克服地理障碍,支持独特的学习机会和职业发展。一个现代化的工作场所,使每个人都能有创造力,并能在安全的前提下展开协作。

数字化工作场所提供了四个关键能力:

- 它通过激发员工更有效地表达自己的想法和激发创新来解放生产力和创造力;
- 它为团队提供了最广泛和最深层次的应用程序和服务,并为用户带来了连接、共享、交流的灵活性和选择性;
- 它通过在用户、设备、应用程序和服务之间统一管理来简化用户体验和技术管理。
- 它提供无与伦比的安全保护,确保员工和客户数据的安全,而不妨碍跨设备、应用程序和服务的生产力。

数字化工作场所能为企业带来独特的竞争优势:在工作中不断发展的数字化文化、人才吸引和留存、员工的生产力和满意度、加强协作。未来的数字化工作空间如图 4.4 所示。

通过设备、应用程序和服务的简化体验,增强员工的创造力和团队精神

图 4.4 未来的数字化工作空间

对于企业的不同部门来说,其对工作空间数字化的关注点也会有差异,这在第二章论述"数字化工作环境"时已经详细介绍过了。

相关研究显示,企业中不同部门的员工对生产力数字化热点的需求如图 4.5 所示。

而数字化工作空间将在安全的现代 IT 基础架构下,全面促进团队协作和生产力的提升,如图 4.6 所示。

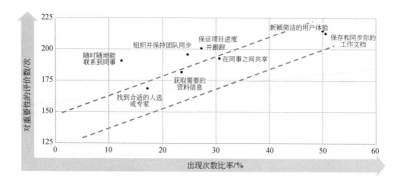

图 4.5 员工数字化热点的需求

图 4.6 数字化工作空间重塑生产力

1. 数字化工作空间

数字化工作空间是一种全新的工作风格,包括:
- 以新的可视化信息(数字、图表或 2D/3D 图像)推动数据洞察力;

- 使用智能应用程序创建数字化内容；
- 新的数字化触点，如数字墨水、声音和触摸体验，以及自然语言处理方式；
- 混合现实和其他工具，以实现实时、交互式的协作体验；
- 为发现和利用其他人的工作内容/专长提供便利，促进知识和技能共享。

总的来说，数字化工作空间为创作者提供工具来重塑生产力，以完成他们最好的工作，无论写一份学术论文，还是起草一份商业计划、为销售报告计算数字或者为游戏设计建立预测模型、为大型客户会议创建一个推荐演讲稿，或是设计下一座摩天大楼等。

2. 团队协作

团队协作是一种与他人进行交流和协作的极致体验，这包括能够轻松、无缝地协作及进行通信，并使员工有权做出如何使用数据的决策。

- 将每个员工与公司范围的社区联系在一起，使整个组织内的员工更容易保持联系，分享最佳做法，并更加便捷地找到所关心的信息，从小的一对一会话内容到公司范围内的跨组织协作。
- 实时协作，无论在文档、任务还是项目层面，允许员工从任何地方和任何设备都可以共享文件和无缝工作。
- 从一线员工到管理层，在整个组织中开放沟通渠道，使全员都能参与业务流程的自动化和改进过程。
- 为员工提供一个集中的团队协作空间，使每个人和团队都能够以个性化和参与性的方式互动和协作，并且保证可以随时随地都访问到相应的工具和信息。

这将是真的通过赋予人们更有效地表达自己和激发创新的方式来释放创造力,并且为员工在团队合作方面提供最广泛和最深刻的数字化工具和产品,给予员工在连接、共享和交流方面的最大灵活性和选择性。

3. 现代化 IT

现代化 IT 与现有 IT 基础设施无缝集成,提供整合化和简化的灵活 IT 解决方案。现代化 IT 环境提供跨设备平台的实现,使员工随时随地以安全的方式访问自己的设备,从 PC 端到移动终端。

- 始终保持能够使用到最新的功能。
- 无须 IT 支持人员的介入,进行远程设备配置,提升工作效率。
- 为 IT 支持人员提供基于数据的洞察,来预测设备的故障,以便提前采取措施。
- 通过整合设备和电话,提供企业级的统一通信解决方案。
- 智能化的安全管理:跨身份凭证、设备、应用和数据的全面安全保护;通过利用海量数据的机器学习来阻止高级威胁,以识别、拦截和处理不断演变的恶意软件和黑客威胁;加速一般数据保护条例(GDPR)的实现,通过对数据的存档、发现和管理可帮助公司保持对数据的控制,遵守政策和法规,并为 GDPR 要求做好准备。

总的来说,数字化工作空间将在符合企业数字化战略的前提下,以业务环境作为驱动力,以业务场景定义数字化触点和价值实现。以关键利益作为最终价值数字化工作工具的驱动力如图 4.7 所示。

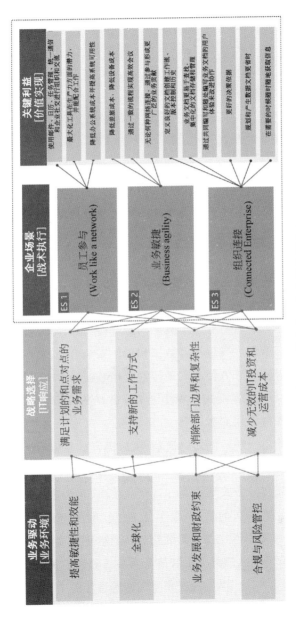

图 4.7 数字化工作空间的驱动力

相应地,也可以定义出支撑数字化工作空间的数字化热点和能力。例如:
- 用户体验。现代的信息交换方式,支持手写、语音、视频等方式。
- 工作管理。全面的统一项目管理任务,支持 Web 和移动端即时通信和邮箱。
- 文档管理。支持文件同步和脱机工作的企业云盘。
- 面向互联网。个性化,多语种网站,社区。
- 混合云环境。软件即服务 SaaS,支持符合安全策略的企业级网络无缝访问。
- 移动办公。随时随地通过手机、平板访问文档和数据,并有使用自有设备(BYOD)管控。
- 企业级商业智能。丰富的数据展现和快捷的分析处理。
- 互操作性。所有办公工具之间能够协同操作,互相关联。
- 安全与合规。确保所有数据和操作安全合规。
- 企业级搜索。方便准确地搜索文档数据和专家。
- 新的应用部署模式。Web 标准,更容易开发和部署,SaaS 模式支持应用商店。
- 统一通信。统一的即时通信,可以语音或视频通话,并与邮件、文档、搜索、社交一起协同。
- 企业社交。个人站点,新闻,社区互动,创新想法交换。

可以想象,在不久的将来,数字化工作空间将走进我们的日常工作中,并且带来的不仅仅是无纸化、移动化,更重要的是以自然语言处理、认知服务为代表的人工智能全面渗透到数字化工作空间中,从根本上重塑生产力。数字化工作空间的愿景如图 4.8 所示。

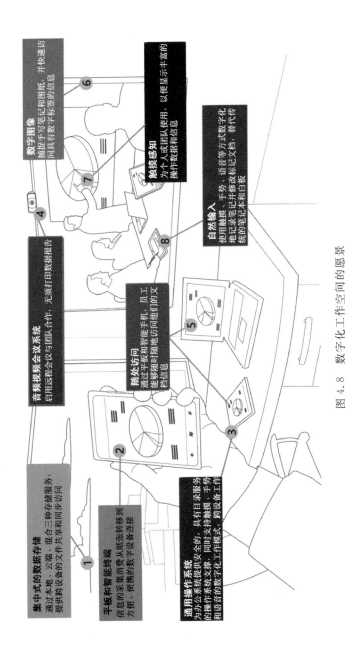

图 4.8 数字化工作空间的愿景

三、伦敦大都会警署数字化警察

当今,在全球范围内,执法机构面临着巨大的挑战,包括:

- 不断增长的民事动荡和治安问题。源于政治纠纷、金融动荡和民族问题,全球范围内的民事动荡和治安问题正在不断增加,并且由于网络化的传播和规模化,如何管理这些问题变得越来越复杂。
- 网络犯罪。越来越多的互联网和移动设备的渗透也加重了网络犯罪的现象。网络钓鱼、垃圾邮件、黑客等网络犯罪手段对金融业及广大市民构成重大威胁。透过社交媒体的犯罪,诸如欺诈、假冒、黑客等活动侵犯公民的个人生活的犯罪行为也日益增多。由于网络安全能力、国际网络法律和管辖权等因素的制约,对这些犯罪进行的调查还十分困难。
- 恐怖主义和有组织犯罪。国际化的恐怖组织正在世界各地散播触角,对公共秩序和安全构成重大威胁。团伙和有组织犯罪、贩卖人口、毒品、非法物品等的威胁也在增加。这些组织的模式越来越复杂,已经扩展到了网络空间。
- 人员招募。招募和留住警务人员一直是一个挑战,在可预见的未来,这个挑战可能长期存在。由于工作压力很大,警务人员所面对的威胁使得对警务人员的招聘和挽留更具有挑战性。
- 问责要求。随着媒体监督和公共安全监控设备的不断增加,警务人员所采取的每一项行动都将接受越来越多的公共监督。例如,越来越多的人希望对有争议的执法行为保留问责的权力。
- 自然灾害。随着自然灾害数量的逐年增加,由于资源的限制以及缺乏大规模处理应急事件的人员,城市应急救援人员面临着严峻的挑战。公民们期望应急救援能够更快、更有效率地减少因这些灾害而造成的财产和生命损失,这对应急救灾人员提高其整体运营效益提出了更高的要求。
- 财政紧缩。世界主要经济体尚未完全从衰退趋势中恢复过来,因此公共开支大幅度减少。这些紧缩措施对执法机构的采购产生了影响,同时也对执法机构的高效运作提出了更高的要求。
- 分散的信息源。跨机构的存在导致了数据孤岛的产生,同时由于许多机构缺少单一数据源,因此在组织内部与之间的实时协作和共享信息都非常困难,也难以为快速响应和运营效率构建统一和动态的业务视图。

这些挑战,正是摆在伦敦大都会警署面前亟待解决的问题。

伦敦大都会警署管理着630平方英里(1英里=1609.344米)的大伦敦地区,辖区内人口约720万。目前,大都会警署下辖3.1万名警官,以及1.3万名警务人员和2600名社区警务人员。管理如此大的区域和人口,数字化技术正在从根本上改变传统的警务和执法。现代数字化平台正在将警务工作带到一个新的层面,实时互联的设备、实时信息共享和数据洞察、人工智能技术将是成功的关键。

伦敦大都会警署的业务目标,是让伦敦成为全球最安全的城市，持续为人们提供更有效和一致的警务服务，赢得并增强每个社区的信任，以更低的成本在员工、合作伙伴和公众的帮助下提供高质量的服务，改善线上警务服务水平，使其更加灵活应变，满足市民的需要。对内目标是创建包容性的支持文化以提升团队效能并做出更快和更精准的决策。

为了实现这一目标需要更多地利用数字化渠道来改善服务，如减少不必要的文书工作、减少官僚作风等；采用更智能、更高效的工作方式，以适应更大规模的警务服务运作，改善流程、减少不必要的工作对接成本；通过数字化手段更好地与合作伙伴和公众协作，以便为最需要的人在最短的时间内提供最佳方式来应对相应的问题。

数字化技术深刻地影响着新的警务工作，在社交媒体方面，伦敦大都会警署都在使用社会媒体来建立良好的公民关系和事务参与度，而且还用于犯罪调查、社区推广、公关和招聘等。通过社会倾听和情绪分析收集情报也是这个机构使用社交媒体的主要领域之一。

物联网和传感器技术正在全面赋能城市警务工作，从移动警务设备、可穿戴摄像设备、视频监控到自动车辆定位跟踪，数字化技术的触角已经深入到了城市警务和执法的方方面面。

指挥和控制中心使执法机构能够以最协调、最有效的方式利用现有资源对突发事件做出及时反应。指挥和控制中心旨在提供完整的情境感知，确保安全策略和程序以最有效的方式实施，而不受到任何技术和操作上的限制；监视、管理和传播来自所有不同系统的信息和警报，包括现场闭路电视、安全装置和其他智能设备/传感器，帮助执法机构对严重性的事件进行有效的规划、决策和资源分配(人力、车辆、设备等),同时提供跨设备无缝集成,通过仪表板和定制化的图形用户界面(GUI)来提供事件或事故的统一视图和主动事件管理计划(通过图形化界面的工作流工具、自定义警报和响应计划等),以及数据分析、关联、管理与决策。

预测性警务工具帮助警务人员主动预测并应对突发事件,防患于未然,优化资源配置和调度,力求达到事半功倍的效果。预测性警务可以使指挥人员和警察能够利用先进的分析方法在公共安全环境中实现有意义的、基于信息的策略和决策。

预测性警务意味着可以有效地应对和预防犯罪,同时优化有限的警务资源,包括人员、车辆和装备等。预测性警务可以使执法机构不再仅仅关注于已发生的事情,而是如何有效地在犯罪发生前更有效地部署资源,从而改变执法工作的结果。

预测性警务并不意味着要取代目前可靠的警务工作或技术。它建立在所有警务战略的基本要素之上,以数字化的技术优化警务工作,包括但不限于:

- 整合信息和运营;
- 全局视图;
- 前沿的数字化分析和预测技术;
- 精益化的组织绩效管理;
- 优化的资源配置。

监控系统通过数字化摄像头、无人机及泛在连接的传感器设备,来实现对城市无缝的、不间断的监控,同时为指挥和调度提供实时数据。不间断监控系统是现代公共安全框架的最基本和不可分割的组成部分。由于人们对安全的担忧日益高涨,监控设备市场在全球范围内获得了巨大的普及,这导致了先进技术的监控系统的需求增加。

不间断监控系统安装和部署在城市的关键和敏感地点的周围,通过闭路电视摄像机、智能传感器和无人机/无人车辆为现场人员和快速响应单位提供实时的情境感知。摄像机和传感器网络以视频、音频和图像的形式收集数据。这些数据不断传送到一个指挥和控制中心,在那里专职人员可以监测和分析任何异常和事件。通过监视设备发送的数据进行分析,以便在某个位置发生特定事件时生成自动警报。先进的视频分析解决方案也有助于识别嫌疑人,调查案件和赋予警务人员先发制人的情报能力。

伦敦大都会警署充分评估了数字化技术的发展趋势,并结合其业务目标和数字化战略,从以下四个方面来定义其数字化转型之路。

(1) 数字化指挥控制中心
- 基于遍布城市的闭路电视摄像头和传感器的实时监控;
- 基于地理信息系统的犯罪数据可视化研究;
- 基于移动设备的实时告警和搜索犯罪信息记录;
- 实时协作;
- 超级联网车辆和警员;
- 基于虚拟现实技术的环境感知。

(2) 犯罪调查和现场警务
- 高级分析;
- 可穿戴摄像头的犯罪取证;
- 社交媒体聆听;
- 数字化取证;
- 生物特征分析;

- 视频分析；
- 数字化审讯记录系统。

(3) 拘留和羁押

- 拘留管理系统；
- 监狱管理系统；
- 闭路电视监视和视频分析；
- 监狱空间和运输管理分析。

(4) 起诉和案件管理

- 数字化案件文件和工作流管理；
- 法院生产力管理；
- 历史案例数据分析；
- 远程证词；
- 数字化法庭集成。

四、法国阳狮集团人工智能平台赋能员工的创新

阳狮集团是一个全球领先的营销企业，致力于以技术创造力促进企业数字化转型。

阳狮集团最近发布了以其创始人 Marcel Bleustein-Blanchet 先生的名字命名的人工智能平台——Marcel。Marcel 的诞生，将推动阳狮集团从一家控股公司向一家拥有 8 万名员工的企业平台加速转型，首个真正无界、无阻碍的企业自此成立，遍布全球的 8 万名员工将连接在一起，开创一个创意与创新并举的全新时代。

阳狮集团主席兼首席执行官 Arthur Sadoun 表示：

"去年 6 月，阳狮集团宣布将着手研发 Marcel，以聚合全球 8 万名员工，并彻底改造我们的工作方式。这是为了我们自己，也为了帮助客户创造更大的价值。"

"我们的行业经历了不曾预见的挑战，彻底改造工作方式的呼声空前强烈。阳狮集团没有被动等待，在打破了横亘在数据、创意、技术之间的障碍之后，我们借助'合一的力量'（the Power of One）打破了原有的工作孤岛状态。今天，我们要用 Marcel 来突破限制人才交流和商业机会的障碍。"

Marcel 人工智能平台将是阳狮集团从控股公司向企业平台转型的一次尝试。阳狮集团向员工承诺，他们有比其他地方更多的机会进行学习、分享和创造。阳狮集团向客户承诺，他们将能够整合令人赞叹的多样性人才，将他们业务发展中需要的创意付诸实践。阳狮集团向行业承诺将成为中坚力量，引领这个行业进行转变。

在这个"人们不再希望为公司打工，而希望公司为他们赋能"的世界里，Marcel 是业界首个为实现"以人为本"福利和体验而设计的企业平台。Marcel 的核心理念在于让每一位员工都能享受到 8 万名员工的力量。Marcel 坚信，将 8 万名员工连接之后的协同效应会带来更高的参与度，反过来会为客户创造更大的价值。Marcel 平台建立在以下四大基石上：知识、连接、机遇和生产力。它们的力量分别如下：

- 知识的力量。旨在利用创意的工作内容和极具启发意义的业务、行业、客户和文化智能来培训和启发我们的员工。
- 连接的力量。根据员工的需求、兴趣、行为模式和期待，在集团内查找、匹配、挑选和推荐最合适的员工，进行连接。
- 机遇的力量。提供多种方式，使每位员工在其日常客户之外的其他项目中能够贡献、参与并展示他们的工作技能和热情。
- 生产力的力量。将枯燥和严重依赖人工的流程（如工时表和花销单）转换成无缝且轻而易举的任务。凭借实时的组织机构数据图和微软的 AI 技术，Marcel 将为 8 万名员工提供流畅、直观、智能和丰富的体验。

人工智能连接企业知识的图谱和业务机会如图 4.9 所示。

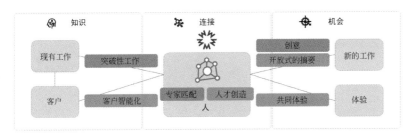

图 4.9　人工智能连接企业知识的图谱和业务机会

1. 企业级创新：Marcel 人工智能平台

阳狮集团计划向平台化转型，为了实现这个大胆的目标，集团必须要面对诸多严峻的挑战。其中一项重要挑战就是数据。阳狮集团有 8 万多名员工，旗下有 1200 多家代理公司，覆盖了 200 个专业领域和数千家客户，因此集团也拥有海量的数据。据估算，阳狮集团掌握的数据文件超过 50 亿个。

为了挖掘这些数据的价值，阳狮集团基于微软人工智能平台与知识图谱技术，打造了 Marcel 人工智能平台，如图 4.10 所示。

(a) 示例一

(b) 示例二

图 4.10　Marcel 人工智能平台的界面展示

知识图谱将组织内的结构化与非结构化数据连接起来,绘制出数据之间的关系。这种集中的、一体化的数据来源,将为 Marcel 和其他企业项目提供助力。集团将利用微软的尖端人工智能工具,处理、筛选、连接和组织数据,并为员工所用。Marcel 人工智能平台还将持续升级,这也是集团向平台化转型的重要基石。

2. 阳狮集团旗下代理公司主导用户体验设计与品牌形象

打造 Marcel 平台践行了阳狮集团 Power of One 的全传播战略,是一项真正具有变革意义的举措。集团旗下技术咨询部门阳狮沙宾特负责开发 Marcel 平台的用户设计与体验,阳狮传播的 BBH(Bartle Bogle Hegarty)负责打造 Marcel 平台的品牌形象。这个项目汇集了来自不同团队 100 多名员工的专业知识和贡献,包括阳狮沙宾特、阳狮传播、阳狮媒体、Re:Sources、IT、法律、数据隐私、采购和人力资源等部门。

3. 微软:我们的技术/人工智能合作伙伴

阳狮集团与合作伙伴微软拥有共同的愿景,用知识与创新助力每一位员工,让 Marcel 平台带来一流的用户体验。Marcel 知识图谱由微软的人工智能技术驱动,通过人工智能对话功能将这些知识传递给所有员工。

4. 员工与客户数据的安全及隐私保护措施

阳狮集团在创建 Marcel 平台时,将数据安全与隐私保护放在最重要的位置。数据隐私与安全办公室自始至终参与了研发过程,以确保该平台遵守各种规定,包括《通用数据保护条例》。阳狮集团向员工和客户承诺,将对他们的数据严格保密。公司对员工使用 Marcel 平台没有硬性要求,员工可以自愿选择是否提供互动信息及数据。

5. 使用 Marcel:移动,快速响应,定制体验

Marcel 是专为当今精通高科技的员工打造的一款移动应用程序,安卓和 iOS 系统均可使用。随着需求的提升,未来还会推出电脑版或其他接口版本。Marcel 像任何消费类应用程序一样方便用户使用,支持语音和文本输入。人工智能引擎会根据询问提出建议并反馈,帮助使用者快速建立连接并完成目标。

除了回应用户请求,Marcel 还能够主动展示相关知识、链接和机会。每个工作日,Marcel 都会根据员工的职位和兴趣,以每日摘要的形式提供 6 个信息点。根据员工的互动和反馈,提供的内容还可以调整和改进。

五、蒂森克虏伯基于智能物联网的电梯预测性维护解决方案

蒂森克虏伯股份公司是一家德国跨国企业集团,总部设在杜伊斯堡和德国埃森。该公司在全球范围内拥有 670 家公司。尽管蒂森克虏伯是世界上最大的钢铁生产商之一,该公司还为汽车行业、电梯、自动扶梯、物资贸易和工业服务提供零部件和系统。

在最近的几十年时间里,蒂森克虏伯电梯已成为一家拥有独特工程能力的世界领先电梯公司。蒂森克虏伯电梯相信,通过智

能化的电梯解决方案,可以提高城市的流动性,提供关键的能源经济性和时间效率,降低拥堵、污染、压力和能源消耗。

随着城市人口的爆炸式增长,城市规划者和建设者面临着严峻的问题。为了腾出空间让30亿人生活、工作和娱乐,规划者知道最好的方向是利用高层空间。通过耸立的高容量巨型结构来缓解人员流动,这对于城市生活质量至关重要。拥挤的人潮带来了交通拥堵。保持电梯运行畅通是关键——在超过1000英尺(1英尺=0.3048米)的建筑物中,走楼梯根本不可能成为选择。

蒂森克虏伯希望把重点放在全世界的建筑客户最关心的事情上——那就是可靠性,以期获得竞争优势。通过将其电梯连接到云端,从其传感器和系统收集数据,并将这些数据转化为有价值的商业智能。蒂森克虏伯借助物联网(IoT)的潜力大大提高了运营水平,并且提供了一些其竞争对手所不能提供的东西。

蒂森克虏伯电梯希望超越预防性维护的行业标准,来提供一个可预测甚至先发制人的维护服务,这样就可以确保电梯拥有更久的正常运行时间。

为此,蒂森克虏伯与微软和CGI联手创建了一个智能业务线资产监控系统,将电梯的可靠性提升到了新的高度。该解决方案汇集了微软物联网平台的核心技术,主要体现在以下几个方面。

1. 在故障之前进行修复

CGI是全球第五大独立IT公司和业务流程服务公司,专门从事高端业务及IT咨询、系统集成、应用开发等。CGI开发了一种解决方案,可以安全地连接蒂森克虏伯的"物件",并通过微软Azure智能系统服务部署到云端,包括电梯中数以千计的传感器和系统监控到的电动机温度、轴系定位、轿厢运行速度与电梯门功能等信息,以及其技术人员使用的个人电脑和移动设备。

蒂森克虏伯现在可以使用智能系统服务来捕获这些数据,将其传输到云端,并将其组合成一个仪表板。该仪表板提供两种基本类型的数据:指示即时问题和事件的警报。

CGI 的物联网顾问 John Hicklin 说:"这是时间关键性的差异,智能系统服务能处理这两者,这一点非常重要。"该解决方案为技术人员提供即时诊断功能,使用 Power BI for Office 365 实现丰富的实时数据可视化——这是蒂森克虏伯维护库中功能强大的新工具。

现在,技术人员可以在发生故障之前使用实时数据来定义所需的修复,而不仅仅是对故障报警做出反应。而且,双向数据流让技术人员可以远程将电梯置于诊断模式,或者将电梯运行到另一层楼。这一切都减少了维修人员的差旅时间,提高了效率并降低了成本。

2. 虚拟故障检修

CGI 的解决方案也试图为维修工作减少大量的不确定性。借助微软 Azure 机器学习服务,蒂森克虏伯对于电梯运行和维护有着前所未有的看法。该系统包含一个智能信息回路:来自电梯的数据被送入动态预测模型,通过与智能系统服务的无缝集成不断更新数据集。

蒂森克虏伯电梯公司美洲战略发展总监 Rory Smith 说:"我把它称为'虚拟故障检修'。当电梯报告问题时,会发出一个错误代码,以及此错误代码的 3 个或 4 个最可能的原因。在实际工作中,现场技术人员正在接受这位'专家'的指导。"

现在,电梯的确可以教技术人员如何解决这些问题,这要归功于微软 Azure 机器学习服务。在任何给定的电梯上最多可以有 400 个错误代码,"辅导"可以显著提高现场效率。Smith 预计,随着越来越多的数据集被输入到系统中,预测模型将随着时间的推移而不断得到改进。结果就是显著增加了电梯的正常运行时间。

3. 灵活的解决方案

CGI 依赖于微软技术的灵活性,Hicklin 说:"就能够托管的东西而言,Azure 是非常具有包容性的,就其可连接的设备方面而言,智能系统服务是包容的。如果把这两样东西放在一起,就有了一个非常丰富的云环境,这个环境是企业级的,也是处理现实世界和不同类型的设备和应用程序的能力。"

蒂森克虏伯也需要这种灵活性。Smith 说:"我们的典型维护服务组合包括蒂森克虏伯电梯以及其他制造商生产的大部分单元。这不是电梯行业的典型特征,而广泛的维护服务是我们的专长。微软技术的互通性意味着蒂森克虏伯可以将新服务与多台电梯模型连接起来,从而扩展维护业务,创造新的收入机会。"

蒂森克虏伯物联网通过专注于数据、丰富的分析和预测建模来增强数据集,为公司提供了竞争优势,改变了维护操作,创造了新的工作流程效率,降低了运营成本,增加了电梯的正常运行时间,并向蓬勃发展的城市提供了可以信赖的电梯。

蒂森克虏伯并不仅仅提供了摩天大厦中智能物联网电梯解决方案,同时借助最新的混合现实技术,使用微软的混合现实设备

HoloLens 带来家庭电梯维修解决方案。

正如世界上没有两片相同的树叶，每一阶楼梯也不是一模一样的。别看只是安装家用电梯这件小事，想让电梯完美契合家庭环境和使用需要，就要对每一阶楼梯都进行精心设计。然而使用 HoloLens 黑科技可不仅仅是为了代替测量工具，更重要的是通过 HoloLens 的全息计算，实现数据的可视化，从而更迅速地建立模型。HoloLens 家庭电梯虚拟建模示例如图 4.11 所示。

图 4.11　HoloLens 家庭电梯虚拟建模示例

这不仅提高了制作团队的工作效率，更能让客户实时感受产品效果，大量节约从销售到制作过程中的耗时。客户不用靠脑补，也不用怕"忽悠"，能够直观看到这款产品在自己家里的使用效果。HoloLens 家庭电梯的虚拟体验如图 4.12 所示。

也就是说，Thyssen Krupp(蒂森克虏伯)定制开发的这款微软 HoloLens 应用，针对性解决了销售、设计、安装家用电梯过程中的三大痛点：

- 每个楼梯都不一样，需要通过测量和建模实现定制化；
- 家用电梯针对行动不便人群的需求有限，需要通过产品的

图 4.12　HoloLens 家庭电梯虚拟体验

可视化，刺激新的需求；
- 需要通过定制化和可视化(如图 4.13 所示)，来提高制作、销售效率，节约大量时间。

图 4.13　定制化和可视化设计

4. 楼梯模型可视化中的两大黑科技

以往的模式在销售、制作再到安装的过程中需要大量时间，而现在工作人员只要戴上微软 HoloLens,该应用就会引导整个测量过程,迅速建模,还可以通过微软 Azure 将相关数据信息通过云端自动共享给制作团队,切切实实将数据可视化应用到了实际商业领域。虚拟测量示意如图 4.14 所示。

图 4.14 虚拟测量示意

测量过程中,很好地结合了 HoloLens 混合现实应用中的两大利器:空间扫描与图像识别。

在测量过程中有个"小铲子"特别抢眼,其实它就是用来标定空间信息的标尺。HoloLens 利用 SLAM(Simultaneous Localization And Mapping)实时定位与地图构建技术来进行空间识别,可以准确标定空间信息。而小铲子上的识别点则在告诉 HoloLens:"嘿,看这里。"HoloLens 只要识别这个图像,就能找到楼梯的端点,继而由点到面来测量和记录楼梯的表面,让整个流程赢在起跑线上。空间扫描是 HoloLens 的基础功能,而图像识别在混合现实应用的开发中,也是很常见的应用。空间扫描与图像识别如图 4.15 所示。

图 4.15　空间扫描与图像识别

为了方便读者更形象地了解 HoloLens 辅助家庭进行楼梯设计的具体过程，建议访问以下的链接来做进一步的了解：
https://play.vidyard.com/u4R9LVgQGMrtc98SeQFu6m/

六、华为现代化工作模式提升员工生产力

华为技术有限公司（以下简称"华为"）是全球领先的信息与通信技术（ICT）解决方案供应商，专注于 ICT 领域，坚持稳健经营、持续创新、开放合作，在电信运营商、企业、终端和云计算等领域构筑了端到端的解决方案优势，为运营商客户、企业客户和消费者提供有竞争力的 ICT 解决方案、产品和服务，并致力于使能未来信息社会、构建更美好的全连接世界。目前，华为约有 18 万名员工，业务遍及全球 170 多个国家和地区，服务全世界 1/3 以上的人口。

华为和运营商一起在全球建设了 1500 多张网络，帮助世界超

过 1/3 的人口实现连接。华为和企业客户一起，以开放的云计算和敏捷的企业网络，助力平安城市、金融、交通、能源等领域实现高效运营和敏捷创新。华为智能终端和智能手机，正在帮助人们享受高品质的数字工作、生活和娱乐体验。

华为坚持以客户为中心、以奋斗者为本，持续改善公司治理架构、组织、流程和考核，使公司长期保持有效增长。

公司设立基于客户、产品和区域三个纬度的组织架构，各组织共同为客户创造价值，对公司的财务绩效有效增长、市场竞争力提升和客户满意度负责。

产品与解决方案是公司面向运营商及企业/行业客户提供ICT融合解决方案的组织，负责产品的规划、开发交付和产品竞争力构建，创造更好的用户体验，支持商业成功。

华为在为全球范围的客户提供解决方案时，面临跨地域的协作和沟通挑战。在微软先进的现代化工作模式的支持下，华为能够在不同国家和地区之间进行协作配合，顺畅地实现全球投标和项目交付。快速发展的华为业务规模覆盖全球，同时也面临着跨国业务协作的挑战。主要有以下三个方面的挑战。

（1）仅依赖邮件难以实现内部文档协作

华为在全球范围内为客户提供服务，接到客户标书后，需要调动产品线、服务线、商法线、财经线、客户线的人员参加开工会，了解项目情况，分派任务和资料。在确定了标书的项目方案框架后，会将任务进行拆分，组织标书开发团队完成标书的开发。

在这个过程中，标书文档在员工自己的计算机上完成初稿设计，然后通过邮件传递给相关人员进行审核，再通过邮件反馈修改意见，经过反复的修改，最终形成终稿。这种方式的挑战是：依赖邮件难以形成真正的协作，文档在传递过程中存在多种版本，容易导致不一致和错漏，需要反复确认。

华为对资源搜索、文档的拆分、共享、协同编辑、对比、审阅、版本管理、合并等提出了更高的要求，希望突破传统方式，建立跨地域、跨语言、跨终端的协作、沟通和资源共享平台。

（2）与合作伙伴、分包商、客户之间的外部协作挑战

从项目实施到最终交付，华为需要精确地管理项目进展，与合作伙伴、分包商和客户及时沟通，传递文档和资料。

这种与外部之间的协作，主要是在邮件基础上进行的，它的弊端极为明显。例如，由分包商运输公司制作的基站运输材料的文档，通过邮件传递给华为的项目对接人员，对接人员需要再将这些文档转给内部的其他人员，缺乏统一的管理和共享。在项目交付时，会形成大量的交付文档，受邮件附件大小的限制，难以一次性交付所有资料；借助第三方网盘，又存在安全隐患，会为客户带来不必要的担忧。

项目进行过程中，各个部门的项目经理、业务人员需要与分包商和客户及时沟通。跨境项目的人员之间语言不通是影响顺畅沟通的一个挑战，项目文档的翻译同样面临巨大的工作量。

华为迫切需要在安全可控的范围内，实现与外部用户之间的资料共享、协作和顺畅沟通。

（3）移动办公与安全的挑战

华为的业务人员经常在各地出差，需要精良便携的装备完成工作。同时，移动办公还需要对重要文档和信息安全予以保护，确保公司的商业机密和客户资料不会因为疏忽而泄露。

微软 Modern Workplace 是一套跨地域的现代化工作模式解

决方案,它由 Office 365 云端协作平台和 Windows 10 组成,为企业构建安全可靠的云协作工作环境。微软的云端服务提供了良好的开发接口,可以与用户现有的系统进行深度集成,从而使客户在熟悉的工作环境里获得云端协作带来的便捷。主要体现在以下三个方面。

(1) Modern Workplace 团队沟通和文档协作

在 Modern Workplace 解决方案中,SharePoint 是核心的云协作服务,可与 Office 客户端应用一起建立无缝的文档编辑和共享协作体验,为企业提供庞大的知识库和资源库,建立企业级的内容搜索,实现云端文档共享、协作编辑、内容更新和版本管理。最新版的 Office 客户端组件 Word 能够在文档拆分、合并、审阅比较等方面提供最佳的解决方案。

(2) Modern Workplace 外部协作与共享

Modern Workplace 通过 Office 365 支持不同企业之间的协作,可实现对外部用户的文档共享,使受邀用户获得访问权限,确保了文档在安全环境中得到有效管理。

此外,Office 365 支持全球范围的高速访问,由微软部署在全球各地的数据中心提供技术支持、运维保障和安全,确保跨国业务和协作的顺利进行。微软的 Azure 翻译服务提供了 API 接口,可与用户的系统和 Modern Workplace 集成,实现对文档内容、实时沟通信息的翻译。

(3) Modern Workplace 移动办公

在 Modern Workplace 解决方案中,Surface 平板电脑是理想的移动办公设备,更可在强大的 Windows 10 系统的支持下,极大地提高移动办公的生产力。Windows 10 可提供便捷安全的生物特征登录,内置了 Windows Defender 安全中心,确保移动办公由里到外的安全。

华为在采用微软 Modern Workplace 现代化工作模式解决方案后,将其中的 SharePoint 服务与华为的 i-Sales 系统进行集成,将 Azure 翻译服务与华为的桌面端 eSpace 和移动端的 WeLink 进行集成,从而实现微软解决方案与华为业务系统的深度整合,在国际投标和项目交付上的沟通协作能力大幅提升。其优点主要有以下三点。

(1) 显著提升内部协作能力

华为在自己的业务系统中,可快速建立项目协作空间,将来自不同地区和部门的员工组织成一个虚拟团队,共享标书相关资料,使沟通和信息流转效率大幅提升。

通过 SharePoint 服务的文档库同步资料与文档,华为的项目小组成员可以利用各种设备随时随地访问文档,可多人同时在线修改和查看早期版本,也可审阅、跟踪或合并文档,减少不必要的文件传递,加快协同工作的进度。

(2) 提高项目交付满意度

华为的项目团队,在 Office 365 中发布项目管理进度跟踪文档,使参与项目的合作伙伴和分包商根据不同的权限登录,时刻了解项目进度,协作编辑文档,实现统一和规范化的资源管理。在通过微软翻译服务解决了语言沟通的障碍后,华为与客户和合作伙伴的沟通效率也大幅提升。

项目交付阶段,华为可将各种交付文档和培训资料通过 Office 365 云端共享给客户,便于客户随时访问和下载最新资料。

凭借在科学管理、快速响应、有效沟通、云端交付等方面的优势,国际客户对华为的交付满意度不断上升。

(3) 为移动办公保驾护航

全新的 Windows 10 与 Office 解决方案为华为的移动办公保驾护航,提供了性能优异、深度整合、便于实施的管理和安全保护体系,为穿梭于全球范围的工作人员带来便捷和安全的体验。

第五章

优化业务运营

　　数字化转型是优化企业的业务运营这个支柱的核心目标,是建设智慧化的企业运营环境。基于数字化技术,促进企业经营管理的科学化、高效化和智能化,促进工业化(OT)与信息化(IT)的有机深度融合,促进产业升级和转型,实现业务流程和运营管理的数字化。优化流程,精益管理,创新运营模式,激发一线员工的创新活力,实现企业的"互联、精细、智能"。"互联"是数字化转型的起点,"精细"是数字化的支撑,"智能"是数字化转型的成果。

一、无边界的企业运营

以数据为中心,建立跨职能部门、跨企业的产业链协同和平台化且无边界的企业运营中心。借助移动互联、大数据、物联网等技术手段及背后的数字化思想来全面升级企业的运营模式,以组织变革和业务流程创新,打造全新的客户导向、员工协作和数据驱动,实时响应的全新运营和商业模式。

从特征的维度来看,企业数字化转型体现在平台化运营、无边界企业、组织扁平化和柔性化、工作数字化、互联的员工与设备、企业互联、个性化的产品与服务、全渠道的接触点这八个方面。从效果的维度来看,重点体现在互联、精细、智能这三个方面。这两个维度相互交叉,落地在企业信息化的各个领域中。在这些领域中通过技术与管理融合创新,推进企业的数字化转型。

智慧企业拥有"数字神经系统",具有自学习和自适应能力,能够灵敏地感知到企业内外环境变化并快速做出反应。构建智慧企业,关键是通过信息化手段提高企业的感知能力、反应速度和管理决策智能化水平。

在数字化时代,企业生产经营中面临的问题,就是企业数字化转型的目标。

企业数字化转型的目标设定是组织扁平化、企业互联、互联的员工和设备、全渠道接触点、个性化的产品与服务、无边界企业、工作数字化等。

在经营理念上，企业目标是多元化、兼并重组、补齐短板（木桶原理）；通过数字化转型，实现企业平台化（长板理论），注重生态，大企业做平台，小企业上平台。

在组织设计上，改变目前的多层级、复杂严密的管理体系，实现组织扁平化，去中心、去层级，快速反应，精准执行。

在集团管控方面，改变集团总部以行政和职能管理为主的格局，实现总部服务化，服务成为重要职能。

在规模经济方面，目前的标准化、批量化以及成本的优势，未来转变成为产品定制化，它是客户参与的个性化定制，以工业化的效率满足个性化需求。

在员工管理方面，改变以前严格的用工制度和考勤制度，为员工社会化，员工不再被企业独占，企业可以利用外部资源，快速实现分包、众包。

在运营流程方面，改变传统的以流程为中心的思路，变成了以数据为中心实现企业数字化，包括数字化工作、数字化流程和数据挖掘。

优化业务运营的思考如图5.1所示。

数字化时代要求各个行业的企业改变旧的运营和业务模式，同时还要更灵敏。首先，必须胸怀远大目标和明确战略才能进行数字化转型。当今市场瞬息万变，随意性试验或是毫无规划的数字化举措并不可行。在专注于客户端的同时，企业还需要着力于将互联网技术融入后台和运营中，从而提升运营效率和降低成本。公司必须清楚要借助技术实现哪些目标，并且制定涵盖领导、人才、观念、文化、流程和组织结构的全盘战略。

整合大数据可能是一个令人生畏的课题，但是它能帮助优化

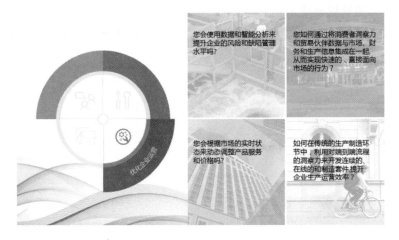

图 5.1 优化业务运营的思考

企业决策、改善资源分配,以及更好地倾听客户的声音。大数据能否得到有效利用取决于是否秉承持续试验的心态,是否用源源不断的人才来设计试验,是否分析多元化的大量数据与创建有说服力的直观图形和故事来帮助决策者更有效利用分析结果。

企业必须制定灵活的多渠道运营模式。互联网开创的透明化定价压缩了利润空间,精益化变得极为关键。打造线上线下的无缝体验不仅对客户很重要,对公司的整个运营效率也极为关键。

在以往,制造业是线性流程化的和纯粹的物理世界。制造企业仅仅在销售周期结束时才开始专注于客户,而没有能力在制造开始时就将整个制造过程围绕着客户展开,并支持维系完整的产品和客户的生命周期。

如今,随着第四次工业革命浪潮的掀起,技术再一次走在了业务流程的前面。云计算、工业物联网和大数据的广泛应用及智能产品的持续连接为企业改善客户连接、创造无边界的业务以及优化运营创造了更多的机会和可能。随着物理和数字世界的趋同，许多制造企业都在接受数字化改造，而更有前瞻性的企业正在打造未来数字化工厂，全面拥抱数字化转型。

未来的数字工厂应该是什么样子呢？其核心能力就是使用数字化技术来驱动大规模定制化生产、优化企业运营，并快速有效地响应客户和市场需求的变化。它将具备以下特征：

- 超强连接性和数据密集型，未来的工厂将是物理和数字高度集成融合的系统。工厂将由智能系统管理来控制，从工厂内部、企业和其他外部环境产生的数据将被持续收集和整合，并产生优化生产运营的洞察力。少量高度技术化的工人将和智能系统一起在安全和协作的环境中进行生产操作。

- 未来数字工厂的连接网络化、信息和过程数字化，具有先进的分析和计算，还有新的生产模式，如 3D 打印等成为日常生产操作的组成部分。企业生产制造的方方面面都将受到数字化技术渗透和深远影响，从设计到生产再到供应链，并延伸到客户服务和支持。人在制造工作中需要的技能也将顺应数字化变革的需要，而制造企业也将针对数字化进行企业文化、组织和管理上的深远变革，并需要确保企业的资产、运营和人员在数字化环境中是受保护的和安全的，而组织的决策也将会更加依赖于基于高完整性数据的自动化决策。

- 数字化转型也将深远影响到企业的人力资源管理战略。在数字化时代，劳动力将拥有更高的数字素养、高技术和协作技能。他们将在智能化的生产系统高度融合,带来更高的效率和生产力水平。
- 未来数字工厂的设计是模块化的,微型工厂能够使用大规模定制技术,如 3D 打印技术、增强现实技术和人工智能等。
- 未来数字工厂的运营过程也将更加开放,无边界的合作模式进一步扩展到更多的外部合作伙伴,供应链将变得高度集成化和智能化,甚至是自我管理。新的面向结果的业务模型也将不断涌现,从而使企业能够使其收入流多样化,并为客户提供更大的价值。
- 认知计算和分析技术使生产环境能够自我配置、自我调整和自我优化,从而提高了灵活性和成本效益。

未来的工厂没有一个统一的样板。每个公司接受数字化转型的速度和方式都将有所不同,所选择的设计也不相同。但无论如何,越早进行生产和工厂数字化转型的企业将会在未来竞争中更加占据优势。

未来数字化工厂的一天的工作流程如图 5.2 所示。

未来数字化工厂的关键概念如图 5.3 所示。
- 开放的价值链:大规模个性化定制产品的增加带来了更短的产品生命周期。价值链需要变得更具适应性、灵活性和更有弹性,需要对资本支出进行优化。
- 灵活的生产:生产系统必须适应快速变化的客户需求。在未来的工厂中,此过程通过 IT 接口和规划工具自动进行,这些集成了相关的设计和制造执行系统,并从产品配置中自动提取制造过程配置信息。

第五章 优化业务运营

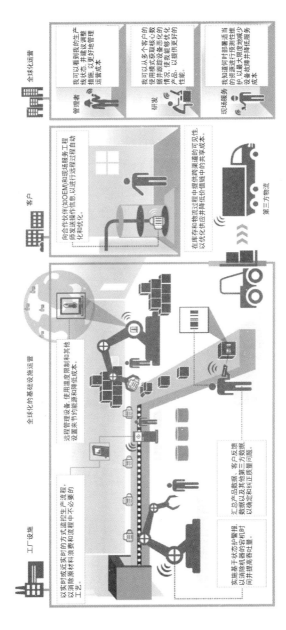

图 5.2 未来数字化工厂的一天工作流程

- 以人为中心的制造：未来的人/厂关系将变得更加灵活，将会使用支持动态安排工作时间表的先进技术。跨平台的知识共享将得到加强，学习周期将会缩短，因为数据存储、认知技术和工作人员的经验能够合并，从而更加敏捷地产生创新的想法。

- 新业务模型和本地化倡议：像"工业4.0"和"智能工厂"这样的举措是为了解决来自工厂未来概念的挑战。其中许多重点是提高效率和个性化生产，并以实现总体目标。所有的举措都利用了诸如物联网、增强现实、增量制造和数据分析等数字化技术。

图5.3 未来数字化工厂的关键概念

技术驱动未来数字化工厂的过程如图5.4所示。

未来工厂的实施需要技术来支持整个工厂生产网络或生态系统的无缝集成。

在过去，工业自动化是由一个"设置它，忘记它"的思维驱动的。今天，科技正在改变这种思维。未来的工厂可能在一个全新的领域基础上设计或改造现有的基础设施，连接性和互操作性对成功至关重要。一个不同的协议和系统的世界将转换为一个协同

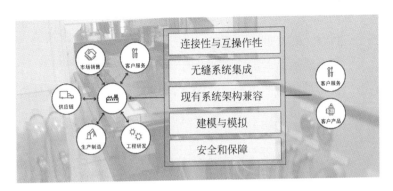

图 5.4　数字化技术驱动的未来工厂

的超级链接的网络。传统的机器与机器通信(M2M)将转变成为机器对人的沟通。

自动化、工程和业务系统的无缝集成与通用数据源整合将带来颠覆性的变革。由物联网技术驱动的自动化系统将前所未有地实现对操作、生产率和健康的洞察。对工业互联网通用技术架构和协议(OPC-UA)的投资使我们能够无缝地将新的和遗留的系统进行对接。

通过数字孪生进行仿真是未来工厂的关键组成部分。数字孪生提供了在设计、生产和服务的结束阶段进行模拟和迭代的能力。这项技术已成熟地应用到工厂、供应链和产品生命周期的数字化上,提升了新的效率和生产力水平。

安全保障将达到新的水平。工人安全受到诸如认知服务等技术的保障。面部识别技术可以防止未经授权的设备操作。网络和物理安全提升了保护知识产权、数据和有形资产的高度。纵深的数字化安全战略覆盖了从数字资产到传感器的完整价值链。

通过数字化工厂,未来的制造企业可以:

- 给您的产品设计工程师新的洞察力；
- 优化工厂车间的流程；
- 提高供应链中的协作质量与成本控制；
- 为您的销售和市场团队提供客户数据和令人印象深刻的可视化效果；
- 甚至改变你的客户服务，包括服务的方式或服务范围。

当前，有很多企业已经在进行未来数字工厂的实践，本节主要讲述"利乐包装"、"马士基"和"东方海外航运"案例。

1. 利乐包装

利乐包装（Tetra Pak）是世界领先的食品加工和包装解决方案公司，与客户和供应商紧密合作，提供安全食品。2017年，这家瑞典公司售出了1880亿套产品，并产生了122亿美元的净销售额，正在为175个国家的食品和饮料制造商提供食品加工和包装解决方案。

在牛奶加工领域，牛奶需要从奶牛场运输［每头牛通常每天生产6加仑（1加仑=3.785升）牛奶］到食品加工公司。但是，当一个部件在牛奶包装生产线上产生故障时，它可能会导致整个操作离线几天，使工厂无法储存数以千计加仑的很快就会变质的牛奶。农场里的奶牛和必须加工贮藏的牛奶是无法等待的。这在乳制品界是一个紧迫的经营现实。

为了防止这种现象，Tetra Pak正在使用新的数字工具，使其连接到云上的机器能够准确预测设备何时需要维修，避免了许多故障的发生。当需要维修时，Tetra Pak服务工程师使用增强现实设备和远程连接的解决方案（如图5.5所示）更快地诊断和修复机器问题,即使在最偏远的地方也是如此。

图 5.5 利乐包装使用虚拟现实技术优化生产运营

通过将包装线连接到云端,Tetra Pak 可以收集操作数据,以帮助预测可能的维护时间。该公司已将传感器放置在一些纸箱灌装设备上,让全球的专家能够实时分析这些工厂中的数据模式,以处理来自 5000 多个其他包装生产线的数据。

Tetra Pak 副总裁 Johan Nilsson 说:"客户有很多设备,所以你要知道很多很多。这往往是困难的。数字化有助于我们做到这一点,这就像是我们让任何一个身在某处的专业工程师,像身在智利或巴基斯坦的某个农村一样,来进行工作。"

2. 马士基

总部位于哥本哈根的马士基公司(A. P. Moller-Maersk)是一家旗下拥有多个品牌的运输和物流集团公司,也是集装箱运输和港口业务的全球领导者。在数字化席卷全球的今天,越来越多的像马士基这样的传统运输和物流公司,也开始踏上借助云计算进行数字化转型的发展之路。

马士基利用从改进数据流获取的深层洞察力来实现运营转型。例如,借助于更好的预测维护需求的能力,公司计划采取主动的行动,每年可减少接近 400 万次在集装箱船上执行的修理操作。

更深层的洞察力还促进了创新型产品和服务,从而产生了新的收入流。例如,马士基的全球物流子公司丹马士(Damco)帮助其客户更好地跟踪产品运输过程——发现供应链中断,例如恶劣的天气、集装箱船舶失事及铁路罢工,从而定位潜在问题,并且在遇到麻烦时仍然能够保证货物运输。

丹马士公司的首席供应链官 Henning Goldmann 表示:"如果由我们自己开发这类技术,不够高效而且不具备成本效益。因此我们与微软企业服务部合作,这不仅可以部署技术来满足我们的业务需求,而且还可以帮助我们挖掘数据洞察力,更深入地了解技术,并找到最佳方式将新产品推向市场。"

马士基预计借助于数据的强大力量,每年将为公司节省上千万美元,同时建立起一个应用程序和数字产品市场,帮助客户制定更好的业务决策。马士基首席数字官 Ibrahim Gokcen 指出:"我们的船舶、集装箱和其他资产将实时生成数以 TB 计的运营和活动数据,机器和人产生交互,掌握有关运营和客户的信息,其强大功能现在甚至是难以想象的,而且它们将作为产品并提供下载。"

图 5.6 所示为马士基使用数据分析技术优化供应链运营。

3. 东方海外航运

在远洋运输行业,微软亚洲研究院(MSRA)与东方海外航运

图 5.6 马士基使用数据分析技术优化供应链运营

(OOCL)宣布展开合作计划,通过应用人工智能(AI)研究,改善航运业网络运营,以提升效率。东方海外航运一直是利用创新科技推动业务、为客户创优增值的业界先驱,而人工智能是其在实现数字化转型愿景中的关键。东方海外航运在圣荷塞、香港、珠海、上海及马尼拉拥有超过千位的开发人才。在业务和机器学习应用方面,公司于数年前已采用具备自动转换和自动扩建的混合云架构。东方海外航运每月需处理和分析超过 3000 万条船舶数据,应用人工智能技术及机器学习服务,有助于进行船期表和泊位活动的预测分析。

东方海外航运信息总裁萧启豪表示:"凭借微软亚洲研究院的专业知识,我们应用了人工智能研究和技术来优化航运网络运营。在经过最近 15 个星期的应用尝试后,我们预计每年将节省 1000 万美元的运营成本。展望未来,我们将开展为期 18 个月的研发合作关系,将深度学习和强化学习技术应用于航运网络运营。同时,微软亚洲研究院将协助我们于未来一年在香港科学园为超过 200 位人工智能工程师提供机器学习和深度学习的培训。我们期待能加强与微软亚洲研究院的紧密合作,通过应用人工智能研究和创新科技,推动航运业实现数字化转型,并为我们顶尖的开发人员构建知识交流的平台,借助先进技术及预测分析满足客户需求。"

东方海外货柜航运公司及东方海外航运是东方海外(国际)有限公司(OOCLL)及东方海外(欧洲)有限公司的商业名称,两者都是由东方海外(国际)有限公司全资拥有并在香港交易所上市的公司(0316)。其总部位于香港,东方海外航运是全球最大的国际集装箱运输及物流公司之一,在 70 个国家拥有超过 360 个办事处,连接亚洲、欧洲、北美洲、地中海、印度次大陆、中东及澳大利亚/新西兰等地区,为全球主要东西方经济贸易提供运输服务。东方海外航运是为中国市场服务的主要国际航运公司之一,在全国提供全方位物流和运输服务,同时也是信息科技和电子商务领域的行业领导者,管理货物运输流程。

二、宝沃智能工厂与智能物流

宝沃汽车集团成立于 2008 年,公司总部位于德国斯图加特市,并特别在中国、俄罗斯、印度、巴西、墨西哥等国家建立分公司。

目前,集团下设 8 大核心机构,员工总数近 5500 人,其中包括来自全球12个国家、16个汽车品牌的全球顶级工程师2300多名。宝沃汽车具备整车、发动机、新能源的自主正向开发能力，同时拥有8个车型柔性生产的整车智能制造工厂和发动机厂，以及传统能源和新能源整车双生产资质。

品牌创始人卡尔·宝沃（Carl Borgward）于1919年在德国不莱梅创建宝沃汽车，其以革命性的技术和全面的产品谱系超过当时德国60%的汽车出口份额，成为德国第三大汽车生产制造商。自2005年发布品牌复兴计划以来，通过13年的不断努力，宝沃汽车已经开始在世界汽车舞台崛起。宝沃汽车切实掌握了更多核心技术，同时借鉴互联网思维，成为具有前瞻视野和智联思维的新时代汽车企业。

随着"中国制造2025"战略的推广与实施，位于北京的宝沃汽车采用"德国工业4.0"智能制造模式，率先在国内汽车行业建设智能工厂，以领先全球的智能制造体系入选工信部发布的"2017年中德智能制造合作试点示范项目"。宝沃汽车北京工厂实现智能制造的背后，离不开智慧物流系统及敏捷、透明化供应链体系的强大支撑力。

（一）信息化的柔性制造工厂

信息系统对于智能工厂的打造尤为重要，宝沃汽车对此非常重视。结合客户个性化订单，以超级BOM一车一单为基础，通过企业资源计划ERP系统协同制造执行系统（manufacturer execution system，MES）和物流执行系统（logistics execution system，LES）实现大规模个性化定制生产。常规车型可实时交付客户，个性化订制车型从接到订单开始包括物料准备、生产排产、制造、运输等环节,交付时间最短为 23 天。柔性工厂的信息流如图 5.7 所示。

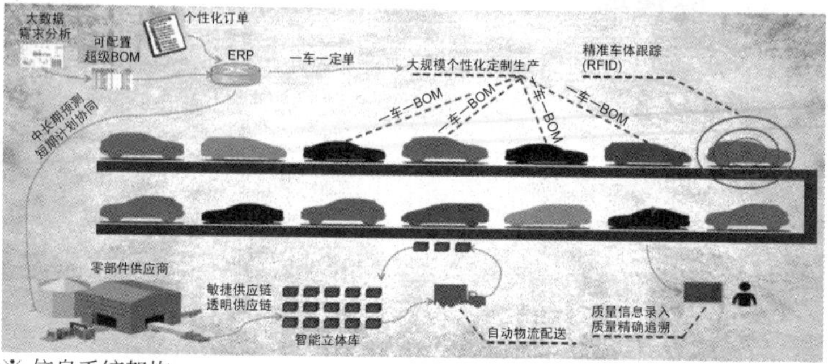

※ 信息系统架构

图 5.7 柔性工厂的信息流

其中,ERP 系统在每小时 60 的生产节拍下,能够在 15 分钟内完成排产,30 分钟内生成物料需求计划(MRP),可实现快速排产和插单,满足大规模个性化定制的要求,比传统技术节省 70% 时间。

通过制造执行系统构建透明工厂,实现基于制造全流程的生产线、工位及作业节点的标准化和数字化;采用工业以太网和人机交互界面技术,实现设备互联;对生产计划、质量控制、防错、追溯进行可视化管理;对整车生产制造过程中的工艺数据及参数信息进行生命周期的数据管理。

创新开发的物流执行系统(LES)作为统一的物流执行平台,整合了基于全球定位系统(GPS)的运输管理系统、准时化配送模式,基于无线射频(RFID)技术的自动化出入库管理、自动化立体库、系统汽车配送(SPS)、大件直送等自动化上线技术,从而实现了敏捷、透明的供应链体系,能够满足 8 车型柔性化的生产物料需求,物流配送准确率 100%,供货响应时间缩短 80%。

（二）敏捷透明化的供应链

1. 循环取货规划

50%以上的供应商集中在江浙沪地区。限于工厂所处位置及北京市政规划，宝沃汽车周边无法设立配套零部件产业园。在此条件下，若想降低物流运输成本和零件库存成本，则节省库区面积，实现零件全过程在途监控、实施全国循环取货显得十分必要。因此，宝沃汽车制定了详细的循环取货机制，并在逐步实施：

- 对于供货距离60km以内的本地供应商，直送到工厂；
- 供货距离300km以内的京津冀供应商，优先循环取货到工厂；
- 供货距离1500km以内的华东、东北供应商，优先循环取货到工厂/供应商管理库存；
- 供货距离1500km以上的其他供应商的占比很小，条件具备的循环取货。

2. 创新的层级物料拉动（TWD）模式

传统的物料拉动模式依赖于现场作业人员，拉动方式粗放，异常频发，供应商装载率低，道口/叉车作业不均衡。宝沃汽车已经对119家供应商推广实施了层级物料拉动（TWD）模式，由信息系统替代人工，实行最小/最大车辆过点拉动，时间窗合理均衡排布，最终供应商装载率、整体物流效率均大幅度提升。

3. 智能入厂协同

受限于厂房面积，宝沃汽车需要严格控制供应商零部件的入厂时间,在时间和空间调度上做得更为精细。为此,通过电子识别车牌(ETCP)、微信、无线射频、物流执行系统等多系统协作,实现了车辆即时扫描、即时排队,保证了入厂车辆均衡稳定,提高了50%的作业效率。整套系统为业内首创,如图5.8所示。

图5.8 智能物流入厂

智能工厂的具体作业流程:卡车到达厂区门口,ETCP车牌自动识别系统识别卡车车牌,并记录卡车出入厂时间;司机登录微信公众号,扫描送货单,送货单与卡车信息完成绑定;司机扫描门口显示屏上的二维码,系统自动分配车位;车辆进入指定区域等待,系统提示卸货时间,车辆到达卸货口;在每个卸货道口均装有RFID地磁感应标签,该标签可以自动识别车位占用及释放情况,进行卸货时间统计及超时预警提示；车辆到达卸货道口，通过系统提示车载计算机并完成卸货作业。物流执行系统（LES）预提示空箱返空作业，并可统计卡车在厂时间。

4. 透明供应链

汽车产品更新换代很快，库存越多损失越大。为了降低供应链上的整体库存，保证及时供应，避免断货情况，宝沃汽车将通过透明供应链管理把所有的库存和成本都实现目视化，带动整个产业链升级。

通过企业资源计划系统（ERP）、物流执行系统（LES）、运输管理系统（TMS）系统协作，实现供应商零部件从出厂到宝沃工厂的全过程覆盖，实现低成本、高效率、高协同、透明化的供应物流模式。将物流执行系统管理范围从工厂扩展到供应商管理库存甚至是零部件供应商，实现供应链全过程信息系统管理，同时与库存预警相结合，保证零件及时供应。

5. 实施大数据管理

宝沃汽车与微软合作，定制化开发了宝沃汽车的物流执行系统（LES），目前已完成两期建设，完全可以支持多车型柔性化的物流及供应链业务需求。通过建立基本数据收集与管理计划（plan for every parts，PFEP）数据体系，打造物流大数据系统。将零件信息、供应链物流信息、仓储信息、供应商信息、包装信息、线边信息等资源不断进行整合优化，将所有的信息化设备和系统都与大数据系统关联，并进行大数据分析。

（三）智慧物流系统及装备

智慧物流系统与装备的创新应用是满足生产需求、保证物流效率的有效举措。在宝沃汽车高层领导对物流系统建设的重视与支持下，经过不断的探索与实践，目前部分智慧物流系统及装备已经投入应用。

1. 智能拣选系统（SPS）

智能拣选系统（SPS）在汽车行业得到了普遍应用，但是宝沃汽车的智能拣选系统有着独特的创新点，极度彰显了柔性化和智能化特点。硬件方面，料架依据人体工程学设计，选用轻量化铝合金材质，采用方便、柔性化的标准件拼装。整个系统中还应用了红外体感式指示灯、扫码设备、车载计算机、穿戴设备、无人车等大量的先进硬件设备。软件方面，实现了业内首家通过物流执行系统和物料电子化拣选系统的深度交互，可以满足 8 车型柔性化的智能拣货作业指示；首创投料防错功能，通过穿戴扫描设备和货架上安装的红外体感式指示灯，确保投料准确性；整个系统采用并联模式，以每个货格为一个单元，可以按照需求调整零部件存放位置，以满足不断增加的新车型生产需求；使用自动导引车（AGV）智能调度系统，不同路段运行速度可调，可优化导引车数量。

整个系统的使用减少了线边面积占用，降低了人员作业强度，使拣选和投料作业准确率高达 100%。

2. 无线射频识别技术（RFID）

在宝沃汽车工厂中，可以看到大量的 RFID 技术应用。例如，所有的周转包装器具上都将装有具备抗金属干扰、抗冲击特性的RFID标签；在物料入厂检收、入库以及出库等所有物流环节都将应用RFID智能物流门，能够快速批量读取零件包装上的RFID标签数据，信息读取准确率高达99.99%，还能实现无人化作业；在高位货架及动态库位环节应用RFID车载模块，可实现库位自动校验，出入库准确率高达100%。以包装箱为单位的RFID技术创新应用，使整个供应链过程透明、可追溯。

宝沃汽车成为业内首批实现汽车行业供应链RFID技术集成应用的企业，创造了多项专利技术，最终将打造出无人化、透明化的物流体系，今后通过配合无人机的使用还可以实现库存无人化盘点。这为宝沃汽车"工业4.0"工厂实现自动化、智能化生产与物流提供了强大助力。

3. 自动导引车（AGV）厂内物料配送

在厂内物流配送环节，大规模使用AGV代替叉车或牵引车作业，大幅提高物流作业自动化程度。车间内行驶的AGV搭载多台套料架配送，配合智能拣选系统（SPS），实现了总装车间、车身车间内智能化物料配送；目前宝沃还在研究应用激光导航AGV搭载标准包装和器具，完成车身料架工序间转运以及RDC向总装车间配送，预计于未来两年内投入使用。

（四）未来发展规划

随着智能制造的不断推进，汽车企业越来越重视搭建自动化与智能化物流体系，逐步加大投入。而宝沃汽车在智慧供应链及物流系统建设方面积极探索，勇于创新，已有多项应用成果落地，无疑走在了行业发展前列。但宝沃汽车在智慧物流体系方面的建设绝不止于此。

宝沃汽车计划到2020年初步建成智能化物流体系。为了实现这一目标,公司已经制定了三步走战略:第一阶段,完成标准化打造;第二阶段,实现自动化/省人化;第三阶段实现无人化/智能化。

目前国内汽车产业上下游的物流自动化水平普遍较低,物流成本占比相当高。伴随着中国制造产业的不断升级,以及汽车行业竞争的不断加剧,发展智能物流必将被越来越多的汽车制造厂和零部件供应商重视。宝沃汽车高层十分重视和支持智能制造的建设,宝沃也将继续下大力气进行研发和实践,希望能够在智能物流领域的探索中为行业做出一些贡献。

三、星巴克数字化门店

星巴克成立于1971年,以咖啡连锁店闻名世界,目前已经在全球开设了25 000家咖啡店,是一家传统的零售餐饮企业。但是,星巴克15年来的数字化转型之路成了人们津津乐道的事情。

星巴克在零售领域建立了领先的全球地位,在移动订单和薪酬、客户分析、忠诚度计划、数字化门店、实时业务系统跟踪及利用人工智能服务方面提供有个性化的零售解决方案。

星巴克选择数字化转型,源于星巴克对咖啡零售这一行业所面临的挑战、竞争态势及机遇的认识。

挑战主要在于：消费者对健康产品需求的增长，生产过程中的税收或其他限制，如何在不断变化的监管和市场环境中销售或经销产品，如何扩大产品在不断增长的市场和类别中的组合。

而竞争对手正在不断推出新的产品组合以满足新兴的对健康产品的需求，与零售商建立合作伙伴关系，促进产品快速消费，帮助实现更好的现金流，利用数字营销工具和技术更好地接触和理解新一代客户，使用新技术来实现产品交付形式的创新。例如，利用物联网手段来进行配送。

上述竞争态势和挑战，结合相关数据，为星巴克在优化业务运营上提出了更高的要求：如何更好地倾听和满足客户多样化的需求，如何通过更好的产品组合和新兴市场来聚焦营收增长，如何促进新产品的推广和销售（特别是健康产品），如何创造新的产品销售模式。而这些要求也为星巴克的数字化转型提供了机遇，包括：

- 实现精准化的智能仓储管理；
- 使用高级分析来提供个性化的产品和服务；
- 使用高级分析来了解新的消费模式，如口味、偏好等；
- 建立一个数据驱动的供应链——确保采购和分发过程的良好运作。

星巴克将数字化作为一种战略手段，快速扩展其全球能力，并在新兴市场（如中国）扩大其零售足迹。在这项工作中，有机会开发一个全球需求、标准和一个平台来驱动运营、沟通和客户连接。这将成为一个核心技术战略，因为它带来了安全、规模化和未来的竞争力，用来支持星巴克创建全球化客户体验和运营。

星巴克对优化业务运营并不陌生。在数字化转型过程中，如何保持围绕精简业务和提供一个优质的客户体验之间的平衡，是一个慎重的选择。考虑到需要协调的许多接触点和系统，以确保服务的一致性和质量，开发新的业务能力往往具有挑战性。优化所需的操作，首先需要消除其运营系统中的一些复杂性和重复性。

这包括将不同应用程序中嵌入的业务操作逻辑整合到一组云服务应用程序接口（API）中，以确保其可以在每个数字化解决方案中统一使用。这将使得星巴克要确保移动支付、订单处理、供应链管理、门店管理和忠诚度计划管理等业务能够在全球化运营体系下一致化地交付。

星巴克定义了以下"数字化飞轮"来聚焦数字化转型的举措。

（1）数字化门店

- 实现实时的门店运营数据洞察（基于物联网的咖啡机、烤箱/WiFi热点/库存/实时客流）；
- 使用机器学习等工具来产生运营洞察力，例如如何快速高效地向客户交付订单，无论它来自移动订单或付费应用程序，还是客户排队等待，抑或是商店中放置自助订单；
- 实现智能化的供应链管理。

（2）更好地了解客户

- 整合所有形式的客户数据并找到真实的、具备可操作性的数据洞察力；
- 预测未来客户的喜好和需求；
- 用一个全面的客户忠诚计划奖励我们的客户；
- 获得对客户行为的实时洞察力。

（3）拥抱移动化和全渠道客户触点（如图5.9所示）

- 为星巴克移动应用程序和零售业务提供实时、个性化的洞察及产品和营销服务；
- 扩展移动应用程序在门店之外的使用；
- 为客户提供快捷的产品预定和递送服务；
- 多样化、不受空间和环境限制的支付方式；
- 使用区块链技术来扩展星巴克 STARS 客户忠诚计划解决方案。

图 5.9　星巴克全渠道数字化触点

赋能星巴克"数字化飞轮"举措的原动力是以下数字化技术。
（1）智能门店技术
通过智能门店技术（如 IP 照相机、传感器、WiFi 标签和移动技术)的组合,门店成为获取用户行为洞察的源泉。

(2) 互联化的供应链

供应链有巨大的潜力在优化业务运营方面产生更大的价值,包括:

- 利用规模与供应商谈判;
- 提高仓库的效率和生产率;
- 减少对库存检查、自动化再补给,改进与供应商的协作和沟通的需求。

(3) 互联化的支付方式

- 整合多样化、互联化的支付方式;
- 利用数字化广告和营销产生数字化价值;
- 提供新的支付选项,如智能手机、移动支付应用,为客户提供了便利。

(4) 全渠道

多渠道的销售方式,为客户提供跨不同技术平台的统一购物体验。

(5) 下一代员工生产力

利用跨设备的泛在连接,以提高生产率,加强协作,降低仓库、配送中心和门店员工的运营成本。

(6) 敏捷 IT

寻求 IT 敏捷性和操作效率,寻找快速迭代和降低成本的方法的能力。

基于此,星巴克开展全新的数字化创新试点,并逐步向全球范围推广,来实现其创建无边界、全球化的运营体系的愿景,如图 5.10 所示。创新点主要有如下。

第五章 优化业务运营

图 5.10 星巴克全面拥抱现代化数字技术

(1) 星巴克增强现实体验

在星巴克上海旗舰体验店 Roastery 中,为了帮助客户创造他们个性化的 Roastery 体验之旅,Roastery 数字化应用程序平台创建了一个完整数字化菜单,并通过增强现实技术,为顾客直观地分享咖啡吧的细节、制作方法及其他不容错过的独特在线和离线体验。完成每一个步骤,客户都会解开一个虚拟徽章,一旦获得所有徽章,顾客将收到一个定制的咖啡过滤器,以纪念这一时刻并分享到社交媒体。这是由星巴克设计,并采用了先进的增强现实技术为顾客提供的独一无二的数字化体验。

(2) 精准客户定位和联系

星巴克还在研究各种工具,使员工能够定位到那些关键的客户。例如,在一家新店里出现的顾客、当天生日到店的顾客或定期到访的忠诚顾客。

(3) 星巴克语音订单服务

星巴克的客户现在可以从他们的移动应用程序或智能音箱产品来实现基于语音的订购服务。这两种方法都允许用户在不与人交谈的情况下订购和支付,然后可以在附近的商店提取他们的订单产品。

(4) 传统科技现代化

星巴克正在使用现代化的基于云的技术栈,使用新的可伸缩的基于云的平台来优化其用户奖励和订购系统,改进客户数据组织,与门店运营系统更紧密集成,如库存和生产管理,为全面数字化转型建立一个现代化的 IT 基础设施环境。

四、罗克韦尔自动化通过物联网实时获取设备远程可见性

罗克韦尔自动化(Rockwell Automation)公司在工业自动化和信息解决方案领域拥有超过80个国家的客户，拥有22 000名员工。2016年的罗克韦尔自动化公司的年收入达到59亿美元。为了提供给客户实时的业务洞察力，公司决定将Windows 10物联网企业操作系统与现有的制造设备和软件相结合，并将本地部署的基础架构连接到Microsoft Azure IoT套件。端到端解决方案以几毫秒而非几小时的速度提供着操作的洞察力，并将高级分析功能放在全球客户都方便获得的范围内。

罗克韦尔自动化公司的客户群非常广泛，客户遍布全球各个制造行业。但无论哪个行业，企业都希望能够更好地控制自己的操作环境，为此，他们需要更好的洞察力。为了将过程控制和信息管理融合在一起，罗克韦尔自动化公司决定为客户找到一个更简单的方法来获得全面的实时信息。

1. 为制造流程设计一个平台

打破信息孤岛是重中之重。一个典型的制造公司可能有来自多个供应商的机器和软件，因此几乎不可能将信息快速汇集在一起。例如，一条包装线可能有几十个变量来监控最佳性能。过去，这需要依赖于经验丰富的操作员的观察，在轮班结束时手动收集生产数据及机器界面中可见的几个变量。

客户习惯于轻松访问企业IT环境中的信息,他们在制造业务中寻找类似的功能。在创建解决方案时,需要找到与客户现有IT平台及生产线保持一致的方法。他们希望能够将安全策略扩展到车间,并且能够轻松地共享数据。

2. 获得对操作流程的实时洞察

为了简化实施并为客户提供实时洞察,罗克韦尔自动化公司采取了全新的方法。公司并没有将一台设备中的自动化控制器连接到单独的独立计算机,而是在其业界领先的Logix 5000TM控制器引擎旁嵌入了Windows 10 IoT企业操作系统的混合自动化控制器。该解决方案消除了对单独独立计算机的需求,并可轻松连接到客户的IT环境和Azure IoT套件以进行高级分析。

基于熟悉的微软技术,制造平台也易于管理。客户不需要成为IT专家就可以在Windows 10 IoT上使用罗克韦尔自动化产品,这是一种缩短学习曲线的方法,但仍然可以直接在工厂中提供丰富的数据。无缝的业务数据访问如图5.11所示。

而且,在操作时可以即时访问数据,让客户不再需要等到轮班结束后才能进行更改。可以同时评估许多变量,预测或建模结果。最终把决策时间从几小时缩短为几毫秒。操作流程和设备的实时洞察示意图如图5.12所示。

凭借其扩展的集成架构,罗克韦尔自动化公司可以快速满足各种行业和业务需求。公司预计,全球客户都将受益于该平台,平台现在包含一套CompactLogixTM控制系统。Azure上的Windows 10 IoT是一个灵活、可扩展的平台。可以重复使用应用程序,并针对架构中的不同结果和产品进行调整。也创建一套一致的应用程

第五章 优化业务运营

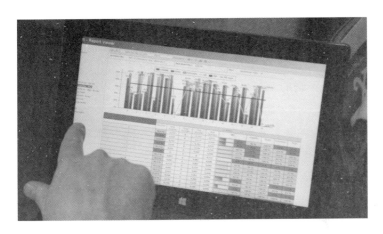

图 5.11 无缝的业务数据访问

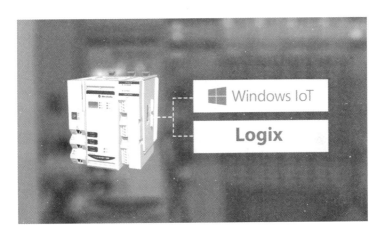

图 5.12 操作流程和设备的实时洞察示意图

序,并将所有内容从工业计算机及可编程自动化控制器发送到本地或非本地部署的 Azure 实例上。这确实有助于加快产品的上市时间,并能够基于不同的目的进行扩展。

罗克韦尔自动化公司的客户还可以根据自己的需要灵活地采

用新技术。通过创建一个基于 Windows 10 IoT 和 Azure 的计算平台，可以将应用放在客户感觉舒适的地方，并且如果这样做有利的话，就可以将该应用尽快下载到云中，将数据移入云端非常简单，而且是无缝的。如果客户想要应用机器学习或预测分析，他们可以做到这一点，而不会增加复杂性。

想要了解更多罗克韦尔自动化数字化转型的故事，请访问以下链接获取更多信息：

https://play.vidyard.com/Z112hgyw46oCjVkEvX8ZZf

第六章

转型产品服务

企业数字化转型的最后一个支柱,就是企业所提供产品的数字化,更重要的是与产品相关的服务也要进行相应的数字化。也就是说,产品的数字化和产品服务的数字化,是转型的双轮引擎驱动,缺一不可。

一、数字化定义的产品和服务

在不同的行业中,产品和服务向数字化迁移的方式和水平差异很大。在一些行业中,产品的载体主要还是以物理的方式出现,数字化主要用来提升产品本身的生产和交付过程,如农业、快速消费品等。而在另一些行业中,产品和服务则表现为数字与物理的混合方式。需要强调的是,这里指的是混合而非融合。物理设备还是产品的主要载体,软件和数字化则是在产品之上提供用户体验的入口,如传统汽车制造、消费电子等。而在金融、游戏、音乐等领域,产品和服务本身就是以数字化的方式存在和交付的。近年来,随着网络物理系统(cyber physical system,CPS)和数字孪生(digital twins)的兴起,数字形式对物理形式的映射正在不断加强,上述的各个行业中,产品和服务的数字化形式和程度虽然还存在较大差异,但共同的趋势是,数字化正在和物理形式的产品进行深入融合。其代表特征如下:

- 数字化正在重新定义产品和服务特性,数据成为产品服务最重要的特性;
- 产品的价值越来越多地体现在数字化产生的附加值上;
- 产品的使用和交付方式在数字化的方式下发生颠覆性的变革。

现今应用数字化技术进行数字化转型的深度和范围都在不断扩大。以"工业4.0"为例,在其兴起之前,数字化转型更多地体现在产品和基础设施的数字化改造、数字化分发上,其更多的是企业现有经营模式的加强和改造,更多是一种内生的、以优化和提升效率为目的的转型;而在工业 4.0 时代,原始设备制造商(OEM)和原始设计制造商(ODM)的业务增长率分别只有 2.3% 和 40.5%,并且这个比例还将继续下降。而数字化正在成为真正的差异化优势,产品的竞争优势将由数字化及与之相关的生态系统和平台决定。数字世界正在史无前例地影响物理世界。

转型产品服务的思考如图 6.1 所示。如今,我们进入了一个前所未有的时代——一个真正的业务创新时代。随着各项突破性技术的日渐成熟和规模化发展,互联网、移动设备和传感器正在颠覆人们与产品互联及互动的方式。而这一切正在重塑技术企业构建和销售产品的方式、针对产品开展合作和提供服务的方式,以及人们购买和使用产品的方式。通过提供结果导向型产品,开辟新的收入流(例如,传统硬件制造商转变为业务解决方案提供商)。

图 6.1 转型产品服务的思考

行业界限正变得越来越模糊,如软件企业开始进军硬件市场,OEM开始自主研发半导体技术。半导体企业正在利用更多软件不断完善自身的产品组合。行业领导者如雨后春笋般迅速崛起,并且通常来自人们意想不到的领域。如何将扩展的产品组合与现有的流程和业务模式相整合,对新的颠覆性竞争对手而言哪些市场领域最具吸引力,在高科技行业生态系统中哪些企业是潜在的合作伙伴等都是企业需要思考的关键问题。

数字化转型之旅的第一个支柱中,本书已经探讨了如何以客户为中心,密切客户沟通,定义客户价值,而传递业务价值的载体就是产品和服务,以业务成果和客户为中心,重构业务模式、重构产品。

1. 重构产品

企业必须利用定制的、基于服务的功能,避免产品商品化,从而延长产品生命周期。

随着传统产品日益商品化,企业开始提供集硬件、软件和服务于一体的解决方案,向客户交付业务成果,而不是单纯的产品。采购和商品管理部门可以更快速地做出响应,并提高设计、多源选项及生产力方面的灵活性。传感器、嵌入式软件和通信技术为解决方案带来新的功能和服务,让企业可以根据数据制定决策:如何打破既有的行业边界和丰富产品的生态,例如许多高科技企业正在探索如何将产品和服务扩展到其他行业领域,如电信、零售、媒体、专业服务等行业。

2. 重构业务模式

要想开辟新的市场和收入流,企业必须挑战现状,颠覆或变革传统业务模式。

首先,要以成果为导向。企业必须采用能随市场变化提供附加服务的可扩展平台、交付产品和服务。此外,企业还需将基于数据的业务成果货币化,从而获得循环且可预测的收入流。

其次,要以商业网络的模式参与竞争。企业必须交付完整、定制的解决方案,满足个人细分市场的需求,并将合同制造商、供应商、开发人员及渠道合作伙伴整合起来,建立一个响应快速、互联的生态系统。

最后,要借助平台实现扩展。企业必须利用数字化生态系统,以平台提供者的身份扩展企业,从而满足新的和当前的客户需求。

3. 重塑价值链

企业从实体转向数字对价值链的影响巨大。当发现市场出现重大创新时,价值链会拓展,而且往往有价值链重组的需要。越是大的创新,就越需要提高与合作伙伴之间的相互依存度。

以传统行业 C2B(消费者到企业)的变革来看,个性化、定制化是整个行业的重大创新点。无论对企业自身的采购、生产制造能力、仓储物流都提出更高的要求,而且对供应商、经销商及服务商的能力都有不少的要求。要推动订制业务的发展,就势必要重建价值链,由企业带动供应商和经销商进行升级,以便能跟上新的需求。

之前企业只需要负责企业内部能力提升,现在不仅仅要提升内部能力,还要带动合作方一起提升,建立更加紧密的价值链体系。

但这种模式会导致企业运营变得复杂,对企业自身的管理、运营和信息化能力要求更高。整合前后端合作伙伴可能会减缓公司的扩张速度,势必会影响一些短期利益,但从长远看,一旦新价值链建立成功并运转顺利后,业务会有几何数字级别的增长。

二、罗氏诊断利用物联网和人工智能实现医疗诊断设备的数字化转型

现代化的诊断仪器可以帮助提高医疗诊断的准确率,是现代医学不可或缺的重要工具。目前,全球医疗决策中有70%是基于体外诊断信息而做出的。罗氏诊断作为全球体外诊断的领导者,致力于开发和提供从疾病的预防、早期发现、诊断、治疗监测和预后评估全过程的医学检测产品及服务。罗氏提供诊断器械及试剂的综合解决方案,产品组合广泛,包括血糖仪、床旁诊断装置、高通量分析仪、生化免疫一体化分析机等。

近年来,各大医院和各级医疗机的检测标本量迅速增长,对于体外诊断的医疗设备需求日趋旺盛。由于医疗行业的特点,用户对于诊断设备有近乎苛刻的要求,设备要做到高可用、高效率、低损耗、少宕机等。同时,高端诊疗设备价值不菲,因此维护保养的专业度要求非常高。罗氏诊断不仅要提供服务,而且还要主动地提高售后服务的质量,包括向客户提供培训、传播信息、解决问题、帮助客户预防设备故障等。因此,罗氏诊断希望借助创新的物联网技术来逐步解决一些实际问题。

首先，如何对设备进行监控，对固定资产进行有效监管？罗氏诊断提供全球领先的诊断设备及一体化解决方案。诊断设备本身及售后运维都需要有效的监管。如何运用有效的工具对设备运行进行追踪和监控，并且第一时间了解设备的使用率、耗材剩余量等重要信息，是服务质量的重要一环。

其次，如何预防设备故障，实现可预测性运维？罗氏希望通过对设备的使用情况的分析，提前预测设备可能出现的故障点，通过主动的服务来减少设备宕机时间，确保正常运转，降低固定资产损耗。这是罗氏诊断站在客户角度一直在思考的问题。

最后，通过感知和分析客户设备的实际使用情况，为客户推荐更合适的设备和服务。通过对用户设备实际使用量和检测效率的分析，可以更加精准地推荐合适的产品和解决方案给到客户，促进用户和罗氏业务的共同发展，实现双赢。

在互联网时代，传统行业纷纷启动数字化转型。罗氏诊断作为行业的领导者，对于新技术带来的变革更为敏感和主动。罗氏诊断希望通过物联网打造满足客户发展需求的产品和解决方案，包括：

- 物联网服务（IoT service）。搭建现代化的物联网数据平台，提供安全可靠的设备管理、远程监控/控制、安全管控、数据收集/存储/集成等服务。
- 商业分析（business analysis）。对收集的试剂使用量进行分析实现更深远的业务目标。
- 服务预测（service prediction）。通过历史维修保养和试剂使用量数据进行服务预测。
- 智能诊断（intelligent diagnosis）。基于大数据技术和机器学习,提供对医疗设备故障的智能辅助诊断服务等。
- 医疗大数据(big data analysis)。基于医疗的大数据分析,用 AI 技术加速产品研究,为循证医学提供有效信息,为传统医疗器械商到医疗服务商的转型积累数据基础。

罗氏诊断寻求真正为终端客户带来价值的方案,如图 6.2 所示。新的数字化方案能够带来以下变革:
- 加强固定资产监管;
- 为客户提供预测性的精准运维,提高设备的可用性;
- 智能和及时的耗材管理和补充;
- 为超负荷或低效率运转的客户推荐更高性能的产品或方案组合,提高客户满意度;
- 用可视化的数据分析提供决策支持。

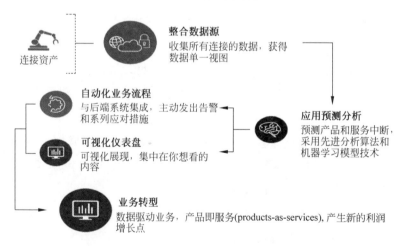

图 6.2 从单一产品转型整体数字化解决方案

三、振华重工打造数字化港口

上海振华重工(集团)股份有限公司(以下简称"振华重工")以"发展企业、振兴中华、造福员工、成就个人"为己任,秉承"中华力量、畅通世界"的企业宗旨,坚持"自主创新、精细管理、科学发展"的管理理念,立志成为"港口机械、大型钢构、海上重工领域的世界领先企业"。企业的港口机械目前已销往93个国家和地区,全球占有率高达82%,多年保持行业领先的地位。

然而面对着风云变幻的全球经济形势和市场竞争的加剧,振华重工也认识到了业务转型的迫切性。企业希望借助最新的技术和数字化的能力,从传统的重型装备制造商,向着涵盖码头和港口的规划、投资、建设和运营的综合性服务商进行转型。然而,无论对于振华重工已经售出的港口码头设备,还是对于目前正在大力推广的自动化港口码头解决方案,振华重工尚未拥有一个完整的平台来获取来自全球各个港口和码头的设备的实时数据及为业务团队和客户提供专业的仪表板和报表。此外,也无法通过对设备和资产的运营监控获得全局性洞察来提供预测性维护的能力。振华重工目前的码头设备解决方案是基于本地数据中心的而且是离散化的。每个码头都将单独存储数据在本地,并独立地制作统计报表。这不仅需要企业在港口当地构建IT环境,也需要布置人力处理大量的重复性工作。另外,对于振华重工这样的设备维护和运营方来说,也缺乏一个跨码头跨地域的全局性视角。

为了应对业务数字化转型过程中所面临的各种挑战,振华重工决定采用公有云平台并使用物联网技术构建自动化码头解决方案,从港口设备收集全面的数据获得业务洞察力,并且实现全球化的地域覆盖,为客户提供全生命周期的服务。

振华重工需要选择一个技术可靠的合作伙伴。经过对市场上各大公有云服务提供商的细致对比,振华重工最终选择了微软Azure智能云平台。之所以做出这样的选择,是因为微软Azure目前已在全球38个区域建有数据中心,可全面覆盖振华重工的海内外港口与码头的客户群体,技术团队能够根据客户的实际情况选择离客户最近的Azure数据中心部署物联网与数据分析相关的服务,提升数据采集的效率和处理上的实时性。不仅如此,微软Azure作为所有云提供商中合规性综合覆盖率最高的云提供商,在世界各地拥有众多的安全认证,确保业务和数据的存储能符合相应国家和地区的法律法规要求,消除港口企业对于业务数据安全和隐私保护的担忧。

微软Azure智能云与物联网服务为振华重工构建的自动化码头解决方案原型系统已经在部分码头开始试验,如图6.3所示。在正式推向市场后,能够为企业自身与客户带来以下可以预期的收益:

(1) 实现企业数字化转型与业务拓展战略

振华重工通过将自身的技术创新与微软Azure智能云服务集合在一起,为企业的数字化转型之路奠定坚实基础。让企业能够从传统的港口起重机与重型设备的制造企业逐步转型成为码头和港口的规划、投资、建设和运营的综合性服务商,同时也可以帮助企业实现业务与销售模式的转变,通过将自身定位为服务提供商,

第六章 转型产品服务

图 6.3 数字化码头运营

振华重工能够为港口和码头提供从设备定制的服务到自动化和智能化运营的全生命周期服务,扩展服务渠道,为企业创造更加广阔的市场效益和有效的经营优势。

(2) 帮助客户降低成本并提升业务连续性

通过使用微软智能云 Azure,振华重工无须在世界各地建设数据中心就能够以合规安全的方式为当地的客户提供服务。通过 Azure IoT 中心每日处理数以亿万计的消息,精准地掌握设备的运行状况。在自动化码头解决方案投入市场之后,振华重工服务团队可以借助港口设备物联网平台为客户提供预防性维护和远程支持,在减少驻场工程师的数量同时降低码头设备故障带来的非计划性停机时间,帮助客户降低日常运营成本并改善业务的连续性,提升船舶处理与货物的吞吐量,实现业务收入的增长。

(3) 实现产品与服务的持续优化和提升

通过港口设备的历史运转数据和微软智能云 Azure 上丰富的

机器学习模型,振华重工不仅能够做到全生命周期的运营状态监控,更能够借助存储在微软 Azure 公有云上的海量数据的独特价值为客户提供更多的附加产品和服务。根据客户所处地区的环境特点、货物吞吐量等因素帮助客户对现有设备进行优化改造和升级,并加速新设备的研发与迭代,为客户提供一站式、量身定制的港口运营设备与服务,使振华重工可以持续地在行业中保持领先地位。

四、上汽集团城市移动出行服务

近年来,随着物联网、移动互联网和大数据技术的兴起,出现了新的将制造业进行数字化转型的趋势。通过这种新的颠覆式的转型方式,一批跨界的竞争对手另辟捷径,开拓了新的客户触点,打破原有的渠道和价值链的束缚,直接与客户进行沟通,并提供个性化和定制化的增值服务,从而创造出全新的从产品向服务转型的商业模式。转型后的企业核心竞争力,从过去的传统的"制造能力"变成了"制造能力+数字化能力"。而对于最终交付产品的价值增值部分,也从过去的"通过制造进行产品升级而产生的增值"变成了"通过制造增值+通过数字化增值"。

以汽车这种大众应用的工业商品为例,其传统的商业模式正在受到这种数字化浪潮的冲击。今天的汽车工业很大程度还停留在"制造驱动产品"的模式下,基本上都是以"个人购买+个人拥有+个人使用"为主要特征。消费者在购买汽车时主要考虑的还是个人拥有车辆的价值,如品牌、技术、价格和个性化的彰显。而今天,在谷歌、百度为代表的科技巨头引领的自动驾驶技术,以及优步、滴滴为代表的综合移动出行服务提供商所引领的城市移动出行服务的影响下,一种数字化驱动移动出行服务的新格局正在形成。运营的核心转向了数据,包括车辆数据、道路数据、环境数据、个人出行需求和运能运力的匹配。未来随着智能交通技术的发展和普及,人们更多期望的是一种按需的、个性化的出行体验,追求便利、安全、舒适和环保,而传统的主机厂则会逐渐向社会交通工具运营提供商的方向发展。这时,汽车本身所承载的品牌和技术上的竞争力会被弱化,这对于当前以品牌溢价为主要竞争力的传统主机厂来说,会是巨大的挑战,如图6.4所示。

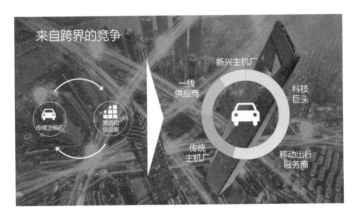

图 6.4　传统主机厂面临跨界竞争的挑战

上海汽车集团股份有限公司(以下简称"上汽集团")是国内A股市场最大的汽车上市公司。上汽集团努力把握产业发展趋势,加快创新转型,正在从传统的制造型企业向为消费者提供全方位汽车产品和出行服务的综合供应商发展。目前,上汽集团主要业务包括整车(含乘用车、商用车)的研发、生产和销售,正积极推进新能源汽车、互联网汽车的商业化,并开展智能驾驶等技术研究和产业化探索;零部件(含动力驱动系统、底盘系统、内外饰系统,以及电池、电驱、电力电子等新能源汽车核心零部件和智能产品系统)的研发、生产、销售;物流、汽车电商、出行服务、节能和充电服务等汽车服务贸易业务;汽车相关金融、保险和投资业务;海外经营和国际商贸业务;并在产业大数据和人工智能领域积极布局。

在移动出行领域,随着人们出行需求的增长,出行服务也变得复杂化和多样化。主机厂正在转型移动出行服务提供商如图 6.5 所示。目前市场上已经有一些互联网平台的公司正在探索移动出行平台的建设,上汽集团期望充分利用在汽车产业链上的资源优势,通过整合生态,构筑具有自身特色的移动出行服务平台。

图 6.5 转型移动出行服务提供商

上汽集团在建设综合移动出行服务平台时,确立了"快速形成移动出行服务能力,持续优化运营"的建设原则:

- 从平台模式上,集中资源发展核心业务,逐步叠加社会资源,逐步形成完整的出行服务生态;

- 从业务类型上，快速切入市场接受程度较高、快速增长的业务，同时利用上汽集团在整个汽车产业链上的资源优势，打造差异化优势业务组合；
- 从产品和资源配置上，充分发挥线上资源与产品优势，并灵活运用各种合作模式，缩短培育周期，快速切入市场；
- 从业态构成上，在核心业务的基础上，逐步搭载金融、保险、后市场服务等增值业务，实现多元化服务业态。

移动出行业务是一个依托于平台化实现产品服务创新并重塑价值链和商业模式的数字化业务转型的典型代表。对上汽集团来说，如何确保现有集团业务与未来的第三方服务商共生共赢的关系？答案是：通过移动出行服务平台串联用户碎片化的需求；整合集团内外服务提供商及各类第三方服务商对接运力资源，将整个移动出行价值链进一步延展，提供真正数字化和智能化的驱动和运营，成为按需出行的移动出行服务产品。

在移动出行服务领域，充分考虑不同出行者在不同场合下的出行需求（如图 6.6 所示），从而为其提供完全按需的、无缝的移动出行体验，这是数字化时代移动出行服务产品的最大特征。

对出行服务提供者来说，他会更关注如何确保所提供的服务能精确匹配到需求方，并且能够为其提供行程前、行程中、行程后的综合服务保障，确保车辆能够始终以良好的状态来为客户提供优质服务，如图 6.7 所示。

而对于商旅差务人士来说，其经常变化的行程常常带来一连串的需求变更。如何通过实时的组合服务来满足复杂的场景，连接合适的服务供给方，又是这一类用户所关注的焦点，如图 6.8 所示。

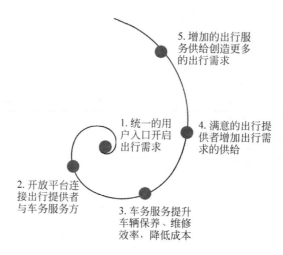

图 6.6　移动出行服务产品满足多样化的出行需求

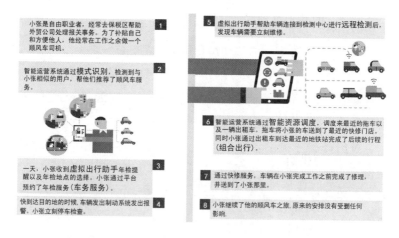

图 6.7　移动出行场景示例一

基于上述的产品设计思路和价值导向,上汽集团将数字化能力注入了以下三个核心能力支撑中,力图打造一个全新的移动出行服务产品。

图 6.8　移动出行场景示例二

（1）用户触点

从原有的基于移动端应用并通过网约车呼叫来被动地满足用户碎片化的出行需求，转化为多终端全渠道的无缝移动出行服务体验。用户触点会从移动设备扩展到车内互联终端、乃至智能家居等，基于统一用户数字身份标识来分析用户数据，根据偏好推荐产品组合、定价组合。从被动响应升级为智能推送，提供一站式个性化出行服务。

（2）资源供给

从简单的连接乘客和司机的点到点需求撮合的资源供给模式，转化为无处不在的连接方式。建立开放平台，实时对接需求与供给方，统一数据平台，打通不同服务需求，实现服务智能调度。从连接出行者—车辆，到连接出行提供者—车务服务、车辆—车务服务、出行者—生活服务等多元化的资源供给与撮合方式，为出行服务打造完整的生态闭环体系。

(3) 平台运营

从传统的基于直观经验和规则的运营方式，转化为运用人工智能和结合业务经验，以实现智能调度、智能推荐、智能匹配和智能组合。通过在平台上建立原生的人工智能运营能力，提高服务响应速度、加跨业务迭代。

在这个过程中，以移动技术、大数据、人工智能、开放平台为代表的数字化技术，将成为整个移动出行平台持续发展和进化的关键因素。而平台不断累积的数据和迭代的算法，也将成为数字化时代移动出行平台的增长引擎。

由此可见，在这个全新的移动出行业务中，向各类用户提供各种多样化、智能化的产品和服务都是由数字化能力来定义和承载的。它们具备以下几个共同特征：

- 这些业务模式所提供的服务均以用户作为核心，无论用户是以乘客、司机，还是运营者的身份出现；
- 所提供的服务是随时随地的、按需的，其背后是数据的支持；
- 产品所承载的服务具有跨界的特征，体现了传统的出行和生活服务、金融服务等跨行业的有机融合。

五、罗尔斯罗伊斯为飞机引擎注入数字化能力

罗尔斯罗伊斯（Rolls Royce）是提供高效的综合动力和推进解决方案的全球化公司。它是世界上最大的民用飞机和商用航空发

动机制造商之一，也是世界上第二大国防航空发动机提供商，在海洋和核部门都有领先的地位。

该公司正在全面利用数字化来转型其产品和服务组合，以确保其竞争优势并能够对市场产生持续的吸引力。罗尔斯罗伊斯制造并拥有全球1.3万多家商用飞机发动机，在过去20年中，它为客户提供了全面的发动机维护服务，以帮助保持飞机的可用性和高效性。许多不同类型飞机设备数据量的迅速增加超出了航空公司自身分析和从中获得洞察力的能力，罗尔斯罗伊斯正在使用数字化手段从根本上改变产品和服务的组合，使用物联网、大数据等数字化来更好地为客户服务。这将包括：

- 专注于新的高效燃油发动机的研发、设计与制造；
- 利用数据来主动分析和管理机队；
- 利用3D打印和增量制造来提升生产效率；
- 使用增强现实和可穿戴设备来提供更好地维护、维修和运营服务；
- 使用移动设备来优化现场运营服务；
- 通过数字化的增值服务来将数据资产服务能力注入整个产品的竞争力中。

在商业航空领域，罗尔斯罗伊斯被客户认可的价值并不仅仅来自于其优秀的航空发动机产品。大约20年前，劳斯莱斯就已经从制造和销售引擎，转成为使用其引擎的航空公司提供全面的维修保养和运营服务。公司的TotalCare服务采用"按小时使用"的模式，客户根据发动机飞行小时数付费。发动机的可靠性保证和维修的责任由罗尔斯罗伊斯负责，它分析引擎数据以管理客户的引擎维护，并且最大限度地提高飞机的可用性。这种模式已经非常成功，为罗尔斯罗伊斯建立了更紧密的客户关系，航空公司客户越来越依赖于公司提供的信息来进行优化成本，并根据发动机生命周期来调度其飞行运营计划。

现在，罗尔斯罗伊斯已经认识到一个重要的机会来扩大其提供的服务，为更多的航空公司的业务提供有意义的数据洞察。随着飞机和引擎的使用频率越来越高，其所需要的服务范围也相应地增加了，市场和客户需求变得更加广阔。有大量的数据来自大型机队，每小时产生千兆的字节，管理并利用这些数据就可以进入新的业务领域。数据为罗尔斯罗伊斯提供了通过机器学习和分析来解决不同问题的机会，可以使用数据和洞察力来改进客户的操作，以增加他们的价值，达到事半功倍的效果。航空公司机队运营状态如图6.9所示。

通过数字化的仪表板可以一目了然地看到一个航空公司机队的综合视图（如图6.10所示），包括当前飞机位置、即将到来的航班时刻表、维护计划，以及可用地勤的维护能力。

还可以看到诸如"实时性能"、"机队利用率"和"日程压力"等操作指标。所有这些都是潜在的干扰机队行动的主要指标。这些信息都是通过物联网技术获取的实时和历史数据。一旦飞机降落并连接廊桥，最近的飞行数据将立即上传，并通过人工智能应用来进行处理和分析。

早期监视列表提供了可能需要注意的来自飞机和引擎的告警信息，这有助于通过预测分析减少计划外维护。这些告警信息通常不是因为一个简单因素，而是多个不同因素的互相影响和组合产生的，需要运营人员特别关注并采取相应措施。

第六章　转型产品服务

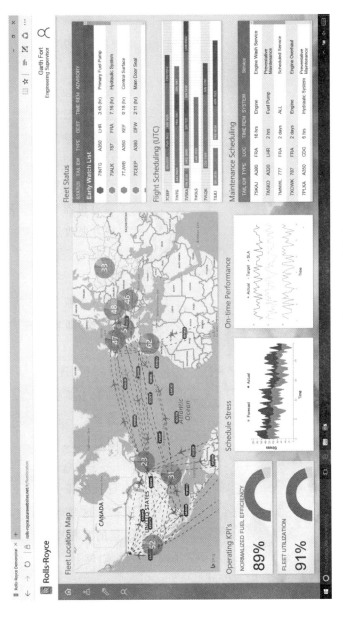

图 6.9　航空公司机队运营状态

225

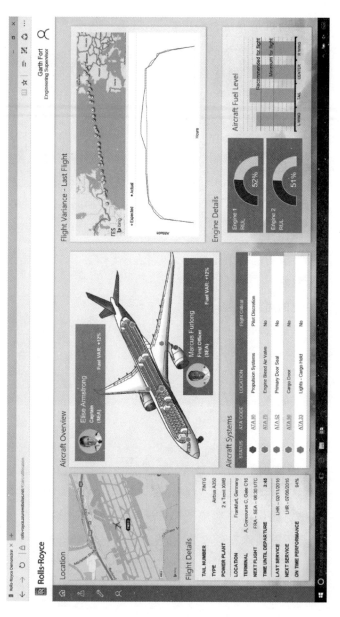

图 6.10 飞机运行状态

飞机和发动机是非常复杂的产品，往往也会受到良好而紧密的监控。通过飞机仪表板可以向运营人员展示特定飞机的操作和上下文信息，可以看到所有关键系统及其健康状况的摘要，以及两个引擎的剩余使用寿命，如图 6.11 所示。剩余的有效寿命的计算是通过物联网数据并采用机器学习进行预测分析的结果。

燃料效率是至关重要的，预测分析技术为飞行员和机组人员提供了下一条路线所需最低和建议的燃料水平，以帮助他们决定在目前的地点需要添加多少燃料。

人工智能计算用来帮助飞行员决定每趟飞行需要多少燃料。每一次飞行所节省的哪怕是小额的燃料也会对航空公司的运营成本造成巨大影响。

通过历史的路线分析，无论计划的路线还是海拔的差异，即使最小的偏差可能会对燃料消耗产生巨大的影响。这些信息也用于每次飞行后，使机器学习算法更准确。

可以想见，每一次引擎更换或维护，特别是计划外的，都将影响飞机的正常服务。优化的产品维护服务，如在拥有充足备件和专家的地方来进行引擎清洗和检修，对减少飞机的计划外停机则是相当重要的安排。

在引擎的实时仪表板上，可以看到飞机上所安装的 Trent XWB 引擎的所有关键信息，包括维修历史、技术人员的备注和说明，以及在决定如何清洗和维护引擎所需的所有关键信息。这些服务、信息及历史维修案例将通过后台知识系统与现场移动服务应用的整合，为后端运营团队和现场执行的技术人员提供无缝通信协作，并且实时反映到整体规划中来。

数字化——引领人工智能时代的商业革命

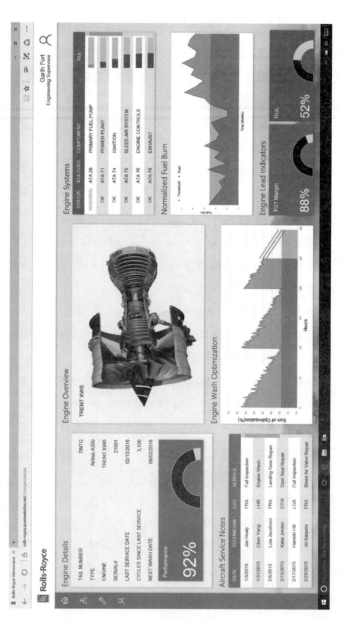

图 6.11 引擎运行状态

而在飞机可以保持安全飞行的前提下,运营人员还可以看到主燃油泵的警告建议,并以此评估现在是否可以进行维护,而不是等到下一个预定的服务周期。这可能避免了在没有库存或机械可用的位置进行维护而带来的延迟的风险。

罗尔斯罗伊斯使用数字化技术来重新优化甚至定义传统的产品,并创造了全新的增值数据服务。主要技术有:

- 通过分析丰富的实时数据,并对大规模数据进行建模,以准确地检测操作异常并帮助客户规划相关的操作;
- 通过使用可视化技术,非常快速和轻松地为客户创建实时的可视化报告和仪表板,使得客户对引擎和机队的运行状况一目了然;
- 物联网和人工智能技术帮助罗尔斯罗伊斯成功地将复杂的引擎与云端及大数据连接在一起,在正确的时间向合适的利益相关者提供更多的专家级意见。

尽管罗尔斯罗伊斯对其新的、增强的 TotalCare 数字化服务的愿景仍处于起步阶段,但有确凿的证据表明,航空业已经准备好接受它。普华永道全球航空公司 CEO 调查显示,71%的航空公司正在发展未来的战略,或有具体的计划来改变他们的数据管理和数据分析能量。凭借在建立的高度可伸缩云平台上复杂的数据分析服务,罗尔斯罗伊斯使用数据提高航空旅行的可靠性和效率的宏大愿景已经开始起飞。

想要了解罗尔斯罗伊斯数字化转型的故事,可以访问附录中的相关链接获取更多信息。

第七章

数字化实践的思考

在这个变化剧烈的时代,尤其是在信息技术这一多变的领域,我们今天所感受和认为正确的东西,在不久的未来可能就会被颠覆。但每一个阶段,我们总有一些感悟与反思,这些认识会帮助我们不断进步。

今天的企业决策者对数字化转型的重要性绝大多数是认同并有紧迫感的。2018年5月,我拜访了在华南的一家规模超大的家具生产企业,企业的领导是创始人,经营企业有20多年。在请我的团队进入之前,他们已经实施了著名的ERP系统,可是,董事长还是对企业,尤其是他的2000多门店的经营情况掌握不是很满意。他最关心的三个关键指标是进店率(每天进店的顾客人数)、停留的时间(在店里驻足、观摩、体验、洽谈的时间)和成交率(每天的成交数量)。以前是利用各级管理机构手工填报的方式将三个指标上传到总部,总部形成报表向董事长汇报。在2018年年初,董事长带队参观了微软的门店后,选定12家门店进行试点,利用数字化的场景和手段掌控门店的经营情况。我们的团队利用数字化的手段实时地展示他关心的三个主要指标的时候,他非常高兴。只有围绕着企业的核心经营和管理需要,才能激发企业数字化转型的热情,虽然这个企业也有一个相当规模的信息化团队,不断完善着企业各种各样的系统,且每年的IT花费也不菲,但是,从来没有像这个小项目那样引起董事长的兴奋。我相信有一定规模的企业对信息化的建设并不陌生,但是数字化转型从来不是跟风建设一堆的复杂信息化系统,而是围绕着企业的核心经营战略和价值创造。从小做起,也许起步的时候是一个很小的项目,但通过一系列细微的变革与改进,就能推动企业的数字化转型。

今天的企业应该更懂消费者,消费者的趋势将影响企业的数字化转型成功。行业如银行、保险、消费品、零售、时尚等企业,年轻一代的消费观念、购买习惯及流行趋势是企业必须洞察和研究的题目。在大数据触手可及的时代,我们能不能深入到每一个客户群落、甚至是一个个体,了解其消费特性和需求,对企业的产品开发、市场营销至关重要。有许多新型的企业已经能够驾驭这种趋势并利用数字化的手段形成了非常强的竞争优势,但我们日常接触到的许多传统企业,还相当迟钝。如果企业能够善用自己的数据资产,一切从消费者入手,将保证其数字化转型的方向至少是正确的。

在前面的章节中介绍了微软用于数字化转型的方法论 3D 模型：Dream（梦想）、Design（设计）和 Deliver（交付）。梦想，是我们数字化转型的起点，我们在出发的时候是否有同理心去倾听客户并预测客户的需求？我们是不是充分了解了行业的变化及竞争的态势？我们可考虑的技术实现能力与成本？一旦确定了梦想之后，便是如何将之落地，依循包容性设计的方法，甚至也可以结合其他的合作伙伴的能力与努力，一起确定实施的范围和路径，并采用逐步完善的策略进行交付是每一个数字化转型的关键。

我们强调创新是企业保持竞争力和不断进步的关键动力。越来越多的企业经营范围开始发生许多的变化，许多的硬件公司变成了软件公司，公用事业公司变成一个数据经营的公司，制造型企业也有可能变成一个人工智能公司。我们的观察结果是企业的边界变得越来越模糊，越来越多的企业在跨界发展，这带来了许多数字化转型的机会，也带来了无穷多创新的机会。正如在前面所举例的在汉诺威的展览上，许多微软的传统制造业客户利用数字化的技术，正变成我们的合作伙伴，他们也开始在新的维度上继续保持着其强有力的竞争优势。正因为企业的边界变得越来越模糊，我们鼓励企业花更多的心思和力气来思考其核心的产品与服务，以及如何借助数字化的机会重新获得新的竞争优势或业务模式。

通过对数字化转型的大量实践与案例研究后，我们发现人工智能在行业的落地与应用上是典型的数字化转型。在人工智能发展到今天的水平上，尽管仍不完美，但是我们看到，如果计算机可以识别图像，就可以为企业进行设备检测、桥梁检修、事故记录、安全监测等；如果计算机可以听与说，则可以大量地替代目前许多重复、耗费人力的应用场景，如客户服务、同声翻译等。我们和客户、合作伙伴们正在积极地深化应用，在某些行业开始真正实施这些应用，这是一个历史性的阶段，若干年后，当我们回首现在，我们会为今天的努力与突破而自豪，而这一切的基础则是数据资产以及安全。数字化转型给企业带来了创造价值的热情，但是，数据与安全是十分关键的考虑，我们既要符合各种法律法规的要求，也要十分清楚技术、网络的复杂所带来的挑战。尽管在本书中我们对数据、安全的描述并不太多，但实际上，微软正与一些数字化转型领先者进行着大量的合作与服务，我们愿意把我们的经验与能力与更多的企业进行分享。

数字化转型将不仅给企业本身带来巨大的变化，同时，也对其生态和社会带来很大的影响与改变。在前面的大量案例中，读者们可以感觉到，企业在转型之后，随之而来的受到影响的可能是其客户、供应商、员工，甚至是其整个价值链、社区。这种推动既有可能是积极正面的影响，也有可能是颠覆性的改变。

我们鼓励企业既能有有效的数字化转型的梦想，更要有一系列的管控规划。只有这样，才会更成功。当然，实践出真知，我们祝愿更多的企业能够勇敢地投入数字化转型的实践中，不断探索，总结经验教训，打造企业的竞争优势，为企业、社会创造价值。

附录

阅读本书的补充知识

1. 成为数字化转型的先锋

Leading Digital by George Westerman, Didier Bonnet, Andrew McAfee, Harvard Business Review Press, 2014

2. 数字化转型之路

https://enterprise.microsoft.com/en-us/digital-transformation/

3. 趋势与洞察（DHL）

http://www.dhl.com/content/dam/downloads/g0/about_us/logistics_insights/dhl_logistics_trend_radar_2016.pdf

4. 场景化与原型（斯坦福设计思维学院）

https://dschool.stanford.edu/

5. 变革管理

https://www.prosci.com/adkar/adkar-model
ADKAR Change Management Model Overview

6.皇家马德里连接全球5亿球迷群体

https://customers.microsoft.com/en-us/story/real-madrid

Connecting with 500 million passionate fans worldwide

2017-9-23

7.梅西百货以人工智能驱动的虚拟客服优化在线客户沟通

https://customers.microsoft.com/en-us/story/macys-retail-microsoft-ai

Macy's uses AI-driven virtual agent to transform online and mobile customer service

2017-9-25

8.伦敦大都会警署数字化警察

https://www.actionfraud.police.uk/news/police-collaborate-with-Microsoft-to-tackle-computer-software-service-fraud-jun17

City of London Police collaborate with Microsoft to tackle computer software service fraud

2017-6-28

9.法国阳狮集团人工智能平台赋能员工的创新

https://news.microsoft.com/2018/01/29/publicis-groupe-and-microsoft-announce-partnership-for-marcel-ai-platform/

Publicis Groupe and Microsoft announce partnership for Marcel AI platform

2018-1-29

10. 蒂森克虏伯基于智能物联网的电梯预测性维护解决方案

https://www.thyssenkrupp-elevator.com/en/press/press-releases-78464.html

thyssenkrupp and Microsoft turbo-boost digitalization of global elevator industry

2018-4-10

11. 华为现代化工作模式提升员工生产力

https://www.microsoft.com/china/casestudies/details.aspx?CompanyProfileID=434

华为借助 Office 365 大大提高办公效率,实现跨地域、跨语言、跨终端的办公协作

12. 优化业务运营(利乐包装)

https://tetrapak.com/about/newsarchive/hololens-technology-to-speed-up-issue-resolution

Tetra Pak Adopts Microsoft HoloLens to Speed-up Issue Resolution for Food Manufacturers

2017-4-24

13. 优化业务运营(马士基)

https://customers.microsoft.com/en-us/story/maersk-travel-transportation-microsoft-services

Global transport and logistics company goes digital to transform its operations

2017-12-22

14. 优化业务运营（东方海外航运）

https://www.microsoft.com/en-us/research/lab/microsoft-research-asia/articles/msra-oocl-embrace-ai-digital-transformation/

MSRA and OOCL embrace AI in digital transformation

2018-4-25

15. 星巴克数字化门店

https://www.fastcompany.com/40568165/starbucks-brews-a-tech-infused-future-with-help-from-microsoft

Starbucks Brews A Tech-Infused Future, With Help From Microsoft

2018-5-7

16. 罗克韦尔自动化通过物联网实时获取设备远程可见性

http://customers.microsoft.com/en-us/story/rockwell-automation

Making industrial machines smarter with cloud-connected IoT solution

2017-10-3

17. 罗氏诊断利用物联网和人工智能实现医疗诊断设备的数字化转型

https://www.microsoft.com/china/casestudies/details.aspx?CompanyProfileID=400

借助 Azure IoT 套件，罗氏诊断大幅提高医疗诊断的准确性，实现医疗诊断仪器的数字化转型

18. 振华重工打造数字化港口

https：//www. microsoft. com/china/casestudies/details. aspx？CompanyProfileID＝360

振华重工借助 Microsoft Azure 智能云与物联网解决方案实现港口运营的数字化转型

19. 罗尔斯罗伊斯为飞机引擎注入数字化能力

https：//www. rolls-royce. com/media/our-stories/press-releases/2016/11-07-2016-rr-takes-totalcare-digital-with-microsoft-and-singapore-airlines. aspx

Rolls-Royce takes TotalCare digital with Microsoft and Singapore Airlines

2016-7-11